AMOR, DURO AMOR

Noga Sklar

AMOR, DURO AMOR

1ª Edição
POD

KBR
Greenville
2017

Coordenação editorial **KBR**
Design de capa **KBR|Noga Sklar**

ISBN edição impressa: 978-1-944608-57-6
ISBN edição digital: 978-1-944608-58-3

KBR Digital Publishers LLC.
www.kbrdigital.com
www.facebook.com/kbrdigital
atendimento@kbrdigital.com

Greenville - SC
1|864|373.4528 (USA) / 55|21|3942.4440 (Brasil)

LCO019000 — Ensaio/ Mulheres autoras

*Para meu marido Alan, um mestre
quando se trata de amor, duro amor.*

Perdoem minha falta de sentido, assim como eu perdoo a falta de sentido daqueles que acreditam fazer todo o sentido.

Robert Frost.

Sumário

POBREZA AMERICANA

"Na América, os pobres têm carro", já me dizia o Alan há mais de dez anos, quando a gente se encontrou. Algo meio idealizado, que até poderia incluir um Mercedes dourado, como o que compramos está fazendo um ano por apenas 5 mil dólares, e ainda não está estragado — calculando com base no salário mínimo que descrevo abaixo, bastariam apenas dois meses de trabalho americano. Portanto, transcrevendo para a realidade salarial brasileira, aqui se compra um Mercedes por algo em torno de uns R$1.500.

Será que hoje me dia ainda é assim?

A confiar nos candidatos à presidência dos Estados Unidos, de "ambos os lados do corredor", a resposta é não. "Os americanos estão ficando mais pobres, e pela primeira vez não deixaremos para os nossos filhos um país melhor do aquele em que vivemos", dizem todos eles, com poucas diferenças, descontada a violenta ideologia política.

Só que "pobreza", aqui nos Estados Unidos, é um salário anual de 25 mil dólares, cem mil reais no nosso rico dinheirinho. A "luta" dos democratas em campanha é por um salário "mínimo" de 15 dólares por hora, o que dá mais ou menos uns US$600 por semana, US$2.400 por mês —

quase dez mil reais no nosso "rico dinheirinho"! Isso, contando um dia de oito horas e uma semana de cinco dias, o que, vamos combinar, não é mais a realidade de ninguém. Eu, por exemplo, editora e designer altamente especializada e capacitada, trabalho umas 12 horas por dia, sete dias por semana. Nem vou dizer a quantas anda a minha hora, mas se não fosse por amor ao ofício, já estaria optando por limpar casas aqui nos Estados Unidos, embora neste quesito não tenha a mesma "expertise" da minha faxineira venezuelana, bem ruinzinha por sinal. A 25 dólares por hora.

Tá certo que não se pode levar em conta esse câmbio absurdo, e se "quem não converte não se diverte", imaginem então quem trabalha em dois países simultaneamente. É de enlouquecer.

Ando esperançosa com os novos planos da KBR internacional, esperança grandemente aumentada desde que encontrei uma parceira local, que compartilha comigo o mesmo amor à literatura mundial, a mesma falta de hesitação quando se trata de enfiar a cara no trabalho (seja a que câmbio for) e a cara de pau de se enfiar em tudo quanto é atalho. Assim como eu, mas com o sotaque adequado, entenderam?

Só que o "modelo" da KBR teve que ser largamente adaptado, e confesso que estou cortando um dobrado para me encaixar na "forma" capitalista de mercado. Na minha "gestalt" é crime inafiançável pegar dinheiro emprestado, já numa economia capitalista... bem, confesso que não sei o que fazer com juros anuais subsidiados oscilando entre 0 e 3%... Ao ano, isso mesmo!

Enquanto isso, no Brasil varonil, vai se confirmando aquele velho adágio que iguala empresários direitos a empresários idiotas, aqueles que nunca, em tempo algum, não importa o talento nem a capacidade de trabalho, farão algum dinheiro, caso insistam nessa besteira de permanecerem honestos. É de amargar. Um a um, os grandes "capitães de indústria" vão caindo para trás das grades, tendo desvendados seus esqueminhas favoritos de "capitalismo governamental" — ao estilo petista, por favor.

Já aqui nos Estados Unidos, está fazendo o maior sucesso aquele candidato de "esquerda" que promete ao povo mundos e fundos, cada vez mais peixe grátis e menos instruções para a pescaria, se é que vocês me entendem: a receita perfeita para a dependência dos votos e a falência do tesouro, quem duvida de sua eficiência pode perguntar à nossa Dilma querida. Fico só pensando em como esse "esquema de bondades" funcionaria nos Estados Unidos, com o nível de pobreza a 25 mil. Dólares, é claro.

Vamos combinar: cada vez mais acredito naquele ditado que afirma que "velho que não é de direita não tem cérebro, e jovem que não é de esquerda não tem coração", Arnaldo Jabor que me perdoe (não custa lembrar que Jabor parece traumatizado por ter sido "achacado" pelos filhotes dos bambambãs de direita durante sua adolescência na Flórida nos anos 1950, uma espécie de *bullying* em vigor já naquele tempo).

Estou velha, meus amigos. E, infelizmente, confio cada vez mais no cérebro e na razão, e cada vez menos no "milagre da multiplicação". Não quero soar cruel, mas continuo acreditando que o trabalho duro é o melhor caminho para garantir a sobrevivência, e, portanto, todo mundo tem que se virar, dar o seu melhor. Apesar de todas as insistentes evidências em contrário.

Tá certo. Eu não aprendo nunca.

Se tudo falhar, ou quando a velhice atacar, aí, sim, algum poder governamental precisa entrar para colaborar e favorecer o quadro adverso. Mas não para mim, Deus me livre e guarde de precisar da ajuda de algum sistema socioassistencialista, coisa mais humilhante, tá doido, sô. Tomara que nos próximos poucos anos que me restam eu aprenda a me virar na economia mais capitalista do mundo (e que o voto a conserve assim, capitalista até a medula de todos os capitais disponíveis), e arranje um jeito de produzir meu próprio pé de meia. Ou de chinelo, sei lá.

Resta observar que, com todo o idealismo obamista, no qual no passado apostei de coração aberto, sem restrições, a verdade é que não vi o mundo melhorar um tiquinho durante os quase oito anos de gestão do atual presidente, muito antes pelo contrário.

Não estou bem certa de que o radicalismo de direita seja o melhor caminho, longe de mim. Acho a retórica exagerada de Donald Trump um perigoso equívoco, mas não deixo de concluir que não deu muito certo fingir que não enxergamos o que andam fazendo nossos cada vez mais terríveis inimigos, ou que não entendemos como a justa política de "igualdade racial" pode ter desembocado justamente no seu pior contrário: estamos testemunhando o maior clima público de divisão e violência dos últimos anos.

Ruim com Obama? Pior com Hillary.

E estamos conversados.

LA HAINE

A crônica estava pronta em duas línguas quando saí para fazer várias coisas no meu dia de folga, tomar um drinque com o Alan, relaxar um pouco, ir ao supermercado.

Quando chegamos em casa e Alan ligou a TV, a pauta caiu na hora. Um "incidente" tinha ocorrido em Paris.

Algum barulho. Tiros. Explosão.

Ninguém sabia direito o que estava acontecendo.

Apenas duas horas depois a imagem do ocorrido parece ter evoluído um pouco. Enquanto escrevo, escuto a TV ao vivo. Um suspeito foi preso pela polícia.

"Sou sírio. Fui recrutado pelo ISIS. Esta é uma missão do ISIS".

São 100 reféns neste momento no Café Bataclan, onde o pecado rolava, gente dançava, um grupo de rock americano dava um show. Uns 30 mortos. Ninguém sabe mais nada.

"*Allahu akbar!*"

Nem precisava desse grito de guerra, francamente.

Embora impere o desconhecimento do que está ocorrendo, no momento as fronteiras da França estão fechadas, ninguém entra, ninguém sai.

São seis locações em Paris atacadas simultaneamente pelos terroristas (estou revisando, enquanto estava escrevendo ainda não se sabia que os animais tinham atacado Les Halles, o "World Trade Center parisiense"). Pela primeira vez desde 1944 Paris está trancada. Em estado de sítio. A outra das grandes locações é o Stade de France, onde na hora do ataque rolava um jogo de futebol Alemanha x França com a presença do presidente Hollande.

A polícia acaba de controlar a situação no Bataclan.

O terror está sendo reportado ao vivo, como pano de fundo desta crônica escrita ao vivo.

Sim. É o horror.

O mundo tem sorte — ou falta de sorte, não sei — que o ódio que sinto neste momento não contamina os grandes líderes do planeta, ao menos não declaradamente.

Quero a minha vida de volta. E você?

Eis o meu plano. Não é xenófobo, como os "bonzinhos" já começaram a declarar nas redes sociais, mas apenas lógico. Baseado nos fatos. Estamos em guerra, e é uma guerra cruel, agravada por não ser localizada, e pelo fato de que o inimigo não é movido por um sentimento nacional, nem por um deplorável, porém explicável trauma nacional, mas sim por um ódio irracional.

Não existe dúvida, desde o primeiro momento, de que este ataque orquestrado foi deflagrado pelo terrorismo islâmico. Ninguém declara, mas esta é a verdade. Tudo está "em curso", ninguém sabe o que se seguirá. Mas uma certeza ninguém deixa de comentar: trata-se de mais um ataque à civilização, aos valores humanos, ao amor, à liberdade, à alegria, ao usufruto da tecnologia e outras tantas coisas que eu levaria a noite inteira para enumerar.

Então, eis o meu plano. Podem me odiar, se isso lhes aliviar a consciência, mas se algo não for feito imediatamente as coisas só tendem a piorar, e muito em breve nenhum de nós ditos "civilizados" terá para onde se virar. A vida no planeta como a conhecemos terá que terminar, e começará a imperar um daqueles cenários terríveis dos filmes de ficção científica — aqueles que odeio e me recuso a assistir.

Cento e quarenta mortos neste momento (ainda revisando).

Qualquer conexão com o mundo muçulmano deve ser objeto de extensa investigação. Os países de maioria islâmica devem ser declarados nossos inimigos. Sinais externos de apoio aos praticantes dessa religião devem ser no mínimo desencorajados, idealmente proibidos. Charmosas *keffiyahs* devem ser trancafiadas. Já estou escondendo a minha, vermelha, que sempre adorei, usava por puro charme quando a comprei, tinha 20 anos e morava em Israel.

Sim, inocentes sofrerão. Inocentes sofreram na Inquisição, e naquela época a perseguição não tinha a menor justificativa, temos que reconhecer, embora motivada por essa mesma fidelidade a um deus de loucos que precisa ser erradicada da nossa sociedade.

Os adeptos pacíficos do Islã também sofrerão. Paciência. Antes eles do que você e eu. Muçulmanos do bem, entendam bem a gravidade da situação: não houve um segundo de dúvida, desde o primeiro momento, de que o ataque havia partido de extremistas islâmicos, e não tardou a se disseminar o grito de guerra: "*Allahu akbar!*"

Estamos todos sofrendo, esta é que é a verdade.

A maldade desse plano de guerra, fundamentalmente de defesa global, não partirá de nós, ocidentais, atacados na intimidade de nossas vidas rotineiras, onde não odiamos ninguém, não condenamos ninguém, baseados, como fazem nossos inumanos inimigos, num código de fé estacionado no século 16, praticantes de uma cegueira ideológica que não escolhe suas vítimas. A maldade desse plano de guerra advém do próprio segmento a ser atacado, já que anos se passaram enquanto a situação se agravava sem que ninguém nos países de origem desses facínoras desgraçados se dispusesse a rejeitá-los, condená-los, confiná-los num tipo de zoológico, talvez, já que se trata de... os animais que me desculpem, minha comparação deverá ofendê-los profundamente, mas é a metáfora que me ocorre por ora.

Sim. Peço desculpas aos lobos, aos cachorros, às cobras, e até aos ratos e às baratas deste mundo, pois chamar tais terroristas de animais deve ofendê-los, aos do reino animal, digo, já que quando exercem seu instinto violento cuidam apenas de assegurar sua sobrevivência, não dilaceram suas vítimas em nome de um deus morto e de seu profeta igualmente morto. Ok. Matem-me se quiserem.

Ironicamente, o filme que dá nome a esta crônica retratava a triste situação dos imigrantes franceses nos subúrbios de Paris nos anos 1990. Pois o ódio que enfocamos hoje é o avesso daquele, e, no entanto, compartilha com ele uma e a mesma face. Apenas agora numa outra fase: naquela época nada foi feito para alterar a situação, mesmo porque ninguém em sã consciência poderia imaginar até onde esse ódio chegaria, a uma violência além da imaginação. Inocentes, todos eles.

Menos aqueles que penetram a salvo no "campo inimigo" sob a máscara da perseguição, sob as bênçãos dos emissários da bonificação, dos disseminadores de pacotes de bondades nas redes sociais, convictos de que estão fazendo o seu melhor em defesa da nossa humanidade. Estão enganados. Iludidos. Cooptados. E nem sabem disso.

Odeio. Odeio. Odeio. Sim, odeio. Meu ódio de hoje

equivale ao deles, ao daqueles que nos atacam. E nem por isso sairei à rua coberta de explosivos e levarei comigo em minha irracionalidade outras pessoas que nada têm a ver com isso. Limito-me à violência das palavras, principalmente porque, por detrás do horror que os demônios (eu tinha escrito animais, mas mudei na revisão) disseminam, nada mais há do que isso: meras palavras.

Palavras escritas há muito tempo atrás, e deturpadas hoje em dia. Palavras proferidas por alguém que se diz profeta, emissário de um deus, mas que não passa de uma escória humana.

Última revisão: um amigo de Facebook respondeu à minha foto que tem como legenda "J'aime Paris" afirmando que "devo amar mais Israel, pois esse ataque e qualquer outro vindo de muçulmanos é, em última instância, contra Israel". E eu concordo.

Achei inacreditável que, minutos depois de eu ter convocado meus amigos na rede a observarem o vínculo oculto entre meus últimos posts, referentes à estupidez de Caetano Veloso e seu ataque a Israel em São Paulo, esse mesmo vínculo tenha sido na sequência exibido com absoluta clareza nos ataques de Paris.

***

Segunda-feira após a tragédia: não custa esclarecer que esta crônica foi escrita na sexta-feira à noite, sob o calor dos ataques, e, portanto, não expressa um pensamento refletido e nem uma conclusão madura. Algumas das posições que assumi podem parecer ofensivas, mas optei por não editá-las para deixar que o coração falasse, que a primeira impressão prevalecesse, com transparência, sem incorrer na obviedade da confusão enfrentada por quem quer que tenha dado entrevista por estes dias, como aquela senadora francesa que, ao tentar se expressar como "não--xenófoba" e politicamente correta, se contradizia a cada 2 minutos, parecia uma louca, incapaz de concatenar dois pensamentos numa declaração coerente.

Caos e confusão

Quando a gente decide que quer dedicar a vida a escrever para outro ler, um dos primeiros conselhos que se ouve é que se deve "escrever sobre aquilo que se conhece".

Faz sentido. Se tem uma coisa da qual qualquer pessoa entende, é aquilo que com o tempo se transforma em nossa "experiência de vida", certo?

A melhor, mais profunda filosofia é baseada em reflexões sobre a própria vida, ou sobre a vida de cada um, e espera-se que a qualidade do resultado, não sei se por causa ou consequência, venha a refletir a inteligência, o conhecimento e a sensibilidade de quem escreve, atingindo idealmente o entendimento de quem lê. Um bom começo.

Só que hoje essas regras simples estão tão em desuso quanto o fato de que antigamente a pessoa nascia, crescia e muitas vezes morria sem tirar o pé de seu povoado onde todos a conheciam. As instruções eram claras, diretas, e somada a um pequeno arsenal de conhecimento humano acumulado, existia a certeza de uma vida tranquila no seio da família. Poucos se atreviam a extrapolar esse limite, e além dele havia sempre um risco: o risco da aventura; o risco do sucesso, ou do fracasso; o risco do desconhecido; e o risco de uma desconhecida e ambicionada felicidade.

A atração pelo desconhecido era, então, motor e motivo da expansão do conhecimento. Cada arcabouço de ideias tinha seu tempo natural de maturação, e caso se provasse o valor daquela reflexão, ela poderia ser registrada em livro e acrescentada ao arsenal de ideias já existente, e assim se voltava ao ponto de partida com a humanidade um pouco mais enriquecida.

Era um mundo em que se sabia pouco, mas em que esse pouco era bem sabido, sem a consciência dolorosa do quanto era limitado.

Separados desse cotidiano tranquilo viviam os grandes líderes e seus heroicos comandados, cujo cotidiano era a guerra da qual retornavam de tempos em tempos para "férias" em família, caso ainda estivessem vivos. Volta e meia se podia esperar que uma tragédia ocorresse, uma falha dramática na defesa do burgo, invasão, morte, destruição.

Nada nem ninguém era indiscutivelmente bom nem indiscutivelmente ruim. Tudo variava de acordo com as circunstâncias, e com o povo que se colocava em primeira instância. Os outros se arranjavam como conseguiam.

Havia a noite. Havia o dia. Deus os havia separado há muito tempo atrás, o livro explicava, dando início a um movimento de constante evolução, melhoria, civilização. Sobre tudo isso, pairava uma certeza ainda maior, infinita, envolvente, capaz de explicar todas as incertezas restantes: a fé num ser superior que nos amava e protegia, que tudo sabia, e que, dadas as condições corretas, compartilharia de tempos em tempos o seu saber. Tudo o que não era explicável pela via racional o era pela via espiritual.

E aqui estamos. Tudo isso tem pouco a ver com o

nosso mundo atual, onde somos obrigados a viver seguindo regras que desconhecemos e que mudam a cada dia, onde a comunidade na qual convivemos dissolveu suas fronteiras numa realidade virtual, transformando o mundo na tão decantada "aldeia global". Na qual, negando os prognósticos mais idealistas, não somos todos irmãos, muito antes pelo contrário, somos todos estrangeiros. E a cada dia mais estrangeiros nos tornamos, nosso cotidiano organizado cada vez mais mergulhado em caos e confusão, todos falando ao mesmo tempo com pouca propriedade sobre aquilo que dizem, ou pretendem dizer, numa língua comum na qual, infelizmente, ninguém mais se entende. Todos tentam se guiar como podem pelos parâmetros mais avançados, modernas palavras de ordem divulgadas em tempo real pelos canais de notícias, ininterruptamente, noite e dia, *hashtags* criadas ontem mesmo nos tuítes mais recentes. Numa competição sem precedentes, buscam os sentimentos mais elevados, o humanismo mais exacerbado. Que, com não pouca frequência, desemboca no seu oposto exato.

Há um amplo desentendimento em curso. Seria a prova de que o futuro é na verdade o passado? Estaria o universo se encolhendo, de volta ao ponto concentrado onde tudo teria começado?

E frente aos terríveis últimos acontecimentos, por que escolhi de repente me refugiar na profundidade dos pensamentos, tão radicalmente distanciada dos fatos?

Num primeiro momento, reconheço, não deu muito certo para mim expressar por escrito meus mais sinceros sentimentos, pois eram de ódio, de revolta, impedimento, próximos de mim e no entanto terrivelmente desconhecidos. Cheguei ao cúmulo de ver minha crônica sobre os atentados na França, escrita às cegas no escuro dos fatos — a mente tropeçando num líquido que parecia água morna, mas era sangue sendo derramado —, ser censurada por um grande portal alegando que seu conteúdo era "ofensivo e perigoso".

Ofensiva e perigosa, eu? Fiquei chocada. Não se enganem quanto a isso, como se enganou o robô que me bloqueou. Tratava-se apenas de uma "infeliz" escolha de palavras, "infeliz" para os parâmetros atuais, é claro, porque no mundo hoje em dia muitas palavras são lidas fora de seu contexto, divorciadas, portanto, de seu verdadeiro significado, ou melhor, confundidas num léxico forçado, de tal sorte que a honestidade de propósitos pode ser facilmente empurrada em direção a uma mensagem manipulada.

Muito se tem falado e comentado da boca para fora, num discurso controlado pelas regras desconhecidas do totalitarismo ideológico ora em curso, embora soe como apenas direto, honesto, derramado. Tudo está desembocando em seu contrário, e da mesma forma que o conhecimento foi visto um dia como pecado, nos obrigando ao exílio do paraíso desinformado, saber de tudo o tempo todo, sem tempo para digerir os fatos, está se revelando como uma espécie de apocalipse conectado.

Comecei esta crônica, confesso, com um final definido em vista. Pretendia conduzi-los por um labirinto histórico positivista para ancorar numa conclusão premeditada e bastante óbvia contra o domínio insensato da religião, de todas as religiões, fatalmente desviadas de seu objetivo etimológico original: "*religare*", reconexão. Pretendia condenar a falsa ideia de que um deus criado à nossa imagem nos norteia para tentar entender como uma mensagem de amor e compreensão pôde ter resultado em seu exato oposto — ódio e destruição —, como um movimento de expansão pode estar inevitavelmente nos levando à máxima contração, ao momento originário onde todo universo organizado se tornaria o seu contrário: *tohu vavohu*, caos e confusão.

No meio do caminho, no entanto, me deparei com uma verdade humana muito mais simples, mais direta, mais sujeita à inteira compreensão, e por aqui parei: estamos todos, cada um a seu modo, e alguns mais fortemente que outros, incrivelmente distanciados de nosso próprio centro de gravidade, daquele ponto interno de equilíbrio que nos garante a humanidade e a vida possível sobre a terra, daquela realidade que nos mantém de pé e capazes de caminhar, levando o nosso organismo a funcionar sem que dele tenhamos controle consciente e que, por contraste, nos faz conscientes de ter um corpo e uma mente, um resultado que não se deve a uma entidade fora de nós que nos movimenta como se fantoches fôssemos, mas à força evolutiva da natureza que, no nosso caso específico, se baseia no fato de que existe uma força natural que não sabemos de onde vem e que, no entanto, nos define: a força de gravidade.

Há outra força, meus amigos, que não está fora de nós, não está naquilo que outros dizem que é o correto, o desejável, algo que nos forçamos a aceitar para "parecermos" conectados, embora no âmago sintamos que aquilo é descabido, não faz nenhum sentido, e que neste momento está atingindo as raias do incontrolável absurdo, tudo devendo ser tentado para alterar isso.

Não devemos a vida a um ser indescritível que, paradoxalmente, parece-se exatamente a um humano como nós, só que maior, mais imponente e onipresente como talvez desejaríamos ser — pior, mais grave, que se deixa representar à vontade pelo que a humanidade (ou a falta dela) tem de mais abjeto e desprezível. E em nome do qual, infelizmente, tanta destruição tem sido perpetrada.

Sou ateia, não acredito em Deus. Mas, não à toa, meu marido Alan descreve Deus como a força da gravidade, e parece que finalmente estou a ponto de compreender o sentido disso. A ideia ideal de Deus é não apenas a força da gravidade, mas o nosso próprio centro de gravidade, ao qual precisamos com urgência retornar, cada um de nós.

Uma palavra de cada vez.

Esperança

Eu sei. A julgar pelo que ando escrevendo, e por consequência pensando (ou seria o contrário?), minha maior
preocupação nos últimos tempos tem sido o dinheiro.

Nos últimos tempos? Como assim? Não foi sempre
assim?

Verdade. Gozo de boa saúde, e se um dia no passado
grandes e dolorosos dramas forjaram esta persona meio bi-
polar que hoje carrego, já não lido com eles diariamente, o
que, vamos combinar, não facilita em nada as minhas chances de virar *best seller* num mercado de desgraças altamente
disputado. E ainda assim, isso me deixa, digamos, metade
feliz.

Explico. Embora esta última afirmação inclua uma
das minhas maiores frustrações, a de não ter enriquecido
com a literatura, obviamente prefiro ter todas as condições
para uma maturidade tranquila a seguir sangrando até o
amargo fim, se é que vocês me entendem.

Há apenas um ano eu parecia ter arrumado uma espécie de "projeto perfeito de velhice": deixaria o Brasil em
direção aos Estados Unidos, onde construiria uma casa no
terreno que tínhamos escolhido e em seguida solicitaria um

tipo de plano de aposentadoria que você não precisa pagar, a "hipoteca reversa" — eles avaliam a casa, te dão na mão metade do valor e quando você morrer há um tipo de acerto que não sei bem como é, mas aí já morri, não é?

No mais, nunca mais trabalharia. Adeus, noites de preocupação, fins de semana dedicados à ralação, textos complicadíssimos, impressões elaboradas controladas à distância e, no quesito "autora", o inevitável medo de rejeição. Tudo isso estaria no passado. Teríamos férias constantes, Alan e eu, nos destinos mais distantes, sem nada mais para atrapalhar. Rimaria direitinho.

Enquanto escrevo essas bobagens destinadas a nunca se realizar, escuto lá fora o barulho irritante do soprador de folhas. E penso no Brasil que deixei para trás, no condomínio Vale do Sossego... para ser específica, na decisão de um novo síndico decidido a "agradar", e que, para isso, adotou um soprador de folhas semelhante que vinha nos atormentar a cada manhã, para desespero de todos nós, moradores. Agora, olhando lá fora, dá para entender para que serve um soprador de folhas... ao menos no outono do hemisfério norte uma coisa que faz o maior sentido... Foram 10 dias de chuva, e as folhas caídas e espalhadas por todo lado, deixando no ar uma impressão de abandono e bagunça, estão ordenadamente acumuladas em cantos de onde o aspirador de folhas virá coletá-las em breve, restaurando a limpeza e a ordem. Já no Brasil tropical... quantas folhas caídas temos realmente a cada ano?

Pois bem. Não é a primeira vez que me lembro do Brasil desde que acordei. Imaginem que ao abrir o computador recebi por email a conta de luz deste mês... absurdos $144... dólares! Mas, gente, não temos ligado o ar condicionado, nem o aquecimento, e no mês passado o valor tinha caído para uns $70... que coisa mais intrigante... Me preparo para reclamar com o Alan, mesmo sem ter que lidar com os escandalosos 50% de aumento que têm enfrentado meus amigos no Brasil, isso, para não mencionar a falta d'água, a onda de calor, o abafamento geral dos escândalos políticos e o cai-não-cai do ministro Joaquim Levy... é mesmo de amargar. Eu devia me dar por feliz por estar a salvo de tudo isso, mas nada justifica o descalabro da conta de luz deste mês, não é mesmo? Aquela velha revolta de brasileira.

Só que, acessando o site... descubro que na verdade não temos que pagar este valor, ao contrário, eles é que nos devem. Isso mesmo. Aparentemente (porque na verdade já tirei essa conta da cabeça), há um ano, quando nos registramos na companhia de energia, fizemos um depósito de $200 que ora nos está sendo devolvido, *et voilà*, teremos aí por volta de uns três meses de energia "grátis", pois é. Lembram os depósitos compulsórios de viagem, o sequestro da poupança e outros "empréstimos obrigatórios" que já tivemos que enfrentar no Brasil, e a insegurança quanto a saber se os iríamos recuperar? Melhor nem lembrar, vai que o governo Dilma decide que é uma boa ideia para se salvar... É só o que está nos faltando, boca podre, diria mamãe.

A infeliz lembrança de desastres passados quase me fez perder o rumo dessa prosa, mas, retomando: enquanto eu acalentava a ideia da nunca antes sonhada aposentadoria (eu costumava dizer que artista trabalha por diletantismo, e sonha em morrer trabalhando, mas nunca antes nesta minha dura existência me senti tão cansada, sempre desejando dar uma parada), o ano ia passando, o crédito melhorando, e nada de a casa sair do papel, até que... a vida foi se reorganizando, e a esperança de um prolongado descanso patrocinado pelo banco acabou se transformando no projeto de uma nova editora, americana desta vez, e cá estou eu novamente me preparando para trabalhar até morrer. E com muito prazer.

Só que agora, espero — e quem espera um dia alcança, pelo menos é o que determina o sonho americano —, sem ter que morrer de tanto trabalhar, como tenho feito nos últimos anos.

Quanto à preocupação com dinheiro, esta também há de passar. Imaginem que há quase um ano, quando aqui cheguei, tive que me contentar em ser uma cidadã de "segunda categoria" — sem crédito, sem residência, e tudo dependendo do meu grau de resistência. Hoje, feliz portadora de um Green Card (coisa para a qual, percebi no debate dos republicanos, a maioria dos imigrantes está pouco ligando) acabo de receber pelo correio uma proposta que deve me conceder aquele antigo cartão de crédito de milhagem com o qual viajamos bastante nos últimos anos, o mesmo que deixei para trás no Brasil, e que, para meu desalento, me havia sido negado aqui nos Estados Unidos num primeiro momento. Já tinha até me esquecido, mas o "sistema" se lembrou.

Pois é. O tempo cura tudo, e aquilo que ele não curar, acaba caindo no esquecimento: eis a grande esperteza do cérebro humano, e, quem sabe, a chave definitiva para a porta da tal felicidade. Até com o fracasso do meu "jardim de ervas de apartamento" já me conformei, vai que é por causa do outono, efeito resfriador que desconheço, não é?

Quanto à nossa casa, não custa nada esperar, a obra já já vai começar. Depois eu conto.

NADA DE NOVO DEBAIXO DO SOL

Estávamos conversando com um amigo do meu filho durante o Thanksgiving quando ele fez a espantosa declaração:

— Eu e minha namorada não conversamos sobre política.

Na minha mente maldosa fui logo extrapolando, e concluindo que o casal mantinha o clima apaixonado evitando conversar sobre tudo que pudesse gerar qualquer tipo de discórdia entre os dois. Que tipo de intimidade amorosa seria essa?

— Alan, sobre o que será que eles conversam, então?

— Você já esqueceu como é namoro? Conversam sobre a paixão, sobre as estrelas, sobre a cor dos olhos dos futuros filhos...

Aqui em casa, como vocês sabem, nosso longevo amor tem sido alimentado justamente pela discórdia, pelo calor apaixonado das nossas brigas sobre (quase) tudo, o que, aliás, tem sido descrito por especialistas como a receita ideal para tornar durável um casamento. Vai saber, mas tem realmente funcionado, e há mais de dez anos.

Recentemente, no entanto, nossa "estratégia de guerra amorosa" passou a correr sério risco, já que ao cabo e ao fim de uma longa disputa pela razão na política — na política americana, pelo menos —, me vejo concordando com o Alan em (quase) tudo, fico até com medo de qual será o resultado final dessa concordância generalizada.

E enquanto ficamos nesse chove-não-molha, me desculpem, sei que nada tem de divertido, mas não consigo parar de rir toda vez que Obama aparece na TV declarando que "o maior inimigo que temos que enfrentar atualmente é a mudança de clima", ops, "do clima". E ultimamente isso tem acontecido a cada cinco minutos, especialmente durante a cobertura do Encontro de Paris.

O pior é que em sua cruzada global pela extrema falta de sentido, tendo sido até considerado por analistas de oposição como "patológico", o luminar americano tem amealhado vários adeptos, entre eles Angela Merkel, a toda-poderosa da União Europeia que há pouco tempo, ao decidir apresentar sua nação ao mundo como a mais caridosa de todas as caridosas, abrindo suas portas para centenas de milhares de refugiados (já perceberam como pararam de tocar neste assunto depois dos ataques de Paris?), acabou criando um problema tão grande para o país que agora não sabe como resolvê-lo. Nem vou compartilhar com vocês o comentário de uma amiga que está na Bélgica neste momento, e tem me mandado de lá notícias fresquinhas, assim desmentindo parte dos delírios da mídia. Segundo ela me confidenciou, meio chocada, há rumores de que os "campos de refugiados" na Alemanha têm várias características em comum com os campos de... cala-te boca. Não estamos aqui para disse-me-disse, não é mesmo?

Enfim, líderes mundiais em uníssono declararam orgulhosamente esta semana em Paris que seu encontro climático na Cidade Luz era a melhor "resposta" aos terroristas islâ... ops, de novo, não se pode chamá-los por seu nome sem parecermos xenófobos, apesar do fato indiscutível de que 99% dos atos de terror atuais são perpetrados por gente que os comete, alto e bom som, em nome de... Pois é. Dele mesmo.

Vocês vão ter que me desculpar, mas não consigo associar as duas coisas de jeito nenhum, apesar dos pacientes amigos que se apressam a explicar à lesada aqui que as "alterações climáticas" provocam pobreza, insegurança, necessidade, e, como consequência, terrorismo (nada a ver com fundamentalismo religioso e exploração da ignorância com promessas sem sentido, é claro).

Frente a uma demonstração tão lógica e tão direta de causa e efeito, só consigo continuar rindo — deve ser de nervoso, só pode. Quer dizer então que uma suposta mudança de clima, que pode ou não ocorrer daqui a uns 100 anos, com base numa teoria que ninguém consegue provar, é um desafio mais sério para a humanidade do que um bando de facínoras desalmados que pode nos matar sem prévio aviso, a qualquer momento, e em qualquer lugar?

Não custa lembrar que o cadinho onde se cozinha esse novo tipo de violência (novo porque globalmente baseado na fé, não em revolta social ou algo assim, como os antigos IRA, Baader-Meinhof e que tais, de "saudosa memória", limitados às suas aspirações nacionais) está geograficamente localizado numa região que tende a ser desértica e miserável desde o tempo de Harum Al-Rashid, o verdadeiro Califa de Bagdá, com suas milenares histórias de oásis e outros refrescos mentais. Desde bem antes, até.

Tudo bem. Já estou vendo centenas de ativistas "do bem" me acusando de mal informada, iletrada etc. etc. Principalmente agora, que, incapazes de provar que a terra está realmente esquentando (estou falando da temperatu-

ra, ok?), decidiram mudar o "slogan" midiático de "aquecimento global" — aquele famoso argumento eleitoral inventado há muitos anos por Al Gore, dito "Al Bore" [em tradução livre, "Al Tédio"] que, por sinal, perdeu as eleições,
mas nunca abriu mão de seu poluidor jatinho particular
— para "mudança de clima", sem especificar diretamen-
te que mudança seria esta, o que, no meu entender, passa a justificar qualquer coisa, podendo milagrosamente se
transmutar a qualquer momento em "esfriamento global".
Que, aliás, é o que Alan vem advogando há anos: segundo
o meu informadíssimo marido, o mundo na verdade está
se aproximando de uma mini era glacial, principalmente
devido à baixa atividade solar neste período, e não, não foi
a atuação criminosa do homem que fez o sol diminuir seu
calor, nada disso. Trata-se apenas, como já ocorreu outras
tantas vezes durante a vida do nosso redondo planeta, de
um ciclo natural.

E como estamos nessa de dar risada sem nenhum
motivo, vou lembrar uma piada de judeu — meio antisse-
mita, mas eu posso, tudo bem.

Pois faz algum tempo que um judeu desses bastante
oportunistas, inspirado por histórias de conquista espacial,
decidiu vender pacotes turísticos para visitar o sol.

— Mas, Moishe, como é que vai ser isso? Não é
quente demais por lá?

— E daí? Que que tem? A gente vai durante a noite.

Certo. Não vou entrar em pormenores sobre a total
falta de sentido das mais recentes declarações de Obama
(um líder essencialmente midiático, que, aliás, parece acreditar que basta não dar nome aos bois para que a boiada
em disparada desapareça, uma vergonha para o mundo
dito "civilizado", que parece se ver obrigado pelo "libera-
lismo politicamente correto" a embarcar em peso nessa

canoa furada) porque, francamente, embora esteja rindo agora, tenho estado deprimida o suficiente.

Prefiro terminar esta crônica com outra piada, já que para bom entendedor meia palavra basta:

Reuniram-se as partes do corpo para eleger quem dentre elas deveria ser coroada rei, ou rainha, sei lá (hoje em dia melhor seria deixar o gênero vago).

Primeiro falou o cérebro:

— Não faz nenhum sentido esse debate, pois o resultado é óbvio. Daqui de cima, coordeno tudo que acontece, vejo, escuto, sinto o clima, controlo e determino as nossas reações aos fatos. Portanto, o rei sou eu.

Ao que o coração imediatamente reagiu:

— Podem esquecer essa ridícula discussão. Mesmo com o cérebro parado posso continuar funcionando por tempo indeterminado, portanto, está na cara que mereço ser coroado rei. Mas, se eu decidir parar, não vai ter mais vida nenhuma para bombear. E agora, como é que fica?

E assim prosseguiu o encontro, com cada parte defendendo a sua plataforma, algumas com mais energia que outras, até que, vinda bem lá do fundo, se ouviu uma vozinha debilitada:

— Podem parar! Não resta nenhuma dúvida de que o rei do corpo sou eu!

O protesto veio em uníssono. Que poder poderia ter aquela partezinha isolada, tantas vezes suja, malcheirosa, e muitas vezes agindo de forma impositiva e descontrolada, cujo nome é considerado de mal gosto nas rodas educadas?

— Tá bem, então. Vou me fechar por uns dias e depois disso a gente decide, ok?

E assim foi feito. Depois de umas duas semanas, o corpo se reuniu novamente e o cu foi unanimemente declarado rei.

Nem preciso lembrar que na intimidade não declarada do nosso brilhante pensamento preferimos enxergar essa violência cujo nome não se pode pronunciar como uma ameaça sem muita graça, advinda do eterno cu do mundo, ops, desculpem aí.

***

A coisa não para, e esta crônica balançou, balançou, quase caiu. Vou arriscar dizer que, como nesses filmes de ação que abundam por aí (não me deem ideias), o casal assassino de San Bernardino agora há pouco foi "ativado" por seu "comando" para perpetrar seu desatino, matando 14 e ferindo mais 22. Triste mundo.

O VERDADEIRO TRUMP

Estava eu muito bem assistindo a um episódio de "Supernatural" (2006) enquanto corria na esteira (não me julguem mal, por favor), quando o diálogo final chamou minha atenção:

— Quem é você, afinal? — perguntou o rapaz com a etiqueta "do bem" estampada, tanto na testa como em sua icônica camisa xadrez. — Mas você é um demônio! — ele prosseguiu, examinando com óbvia surpresa sua interlocutora.

— Não seja racista — respondeu a loura, que até seria angelical, não fossem os olhos estranhos, completamente negros e cobrindo a córnea inteira. — Nem todos os demônios são iguais.

Corta.

***

Era segunda à noite e assistíamos na TV, desta vez ao vivo, ao discurso de Donald Trump para uma sala lotada, jovens em sua maioria, reunidos aqui pertinho, em Mount Pleasant, uma cidade próxima de Charleston.

Eu mal podia acreditar no que estava vendo. A cada bombástica afirmação de Trump, que vai ficando cada vez mais radical e violento, a turba urrava, fazendo uma "onda" que nem aquelas em estádio de futebol. Quando uma vozinha veio lá do fundo tentando protestar, foi praticamente esmagada pelo vozerio, saudado pelo imediato comentário de Trump, talvez com segundas e até terceiras intenções:

— A segurança aqui está mesmo deixando a desejar! Prestem atenção!

Foi nessa noite, no dia seguinte ao pasteurizado discurso de Obama sobre os ataques de San Bernardino, que Trump fez sua "histórica" declaração que o empurrou para o "limbo da nação" (será mesmo?), recomendando o "banimento" de todos os muçulmanos e a temporária proibição de entrada nos Estados Unidos de todos os adeptos dessa religião (a palavra "temporária" foi obviamente eliminada da maioria dos comentários que se seguiram). Como dizem os americanos, "o inferno inteiro ficou à solta".

Uns dois dias depois, me "baixou" um completo entendimento do que está se passando no país neste momento, entendimento este inevitavelmente desafiado por horas e horas de comentários ao vivo de todas as procedências, criticando violentamente as sugestões do candidato a candidato. Segundo a Fox News, na terça-feira "The Donald" obteve mais de 8 horas de TV ao vivo, a um preço inestimável. Resta saber se o resultado dessa maratona vai para cima ou para baixo, segundo as pesquisas.

A verdade é que quando Trump diz essas coisas ele está, para o bem ou para o mal, refletindo o pensamento de boa parte dos americanos, que em público, no entanto, gostam de agir segundo os cansados cânones do politicamente correto. Eu mesma chego a concordar com alguns desses pontos, devo confessar, principalmente porque não ligo a mínima para esse "código público de conduta" que chega às raias do absurdo quando privilegiado pela "esquerda". Mas o que entendi não foi nada disso, e sim que Trump estava servindo à muito necessária contrapropaganda para fazer frente à habilidade de propagação demonstrada pelos grupos terroristas. Como assim, deixamos com eles a primazia do convencimento e da doutrinação?

Trump não fala para "gente como a gente", que não se deixa influenciar por slogans nem pelo que vê na TV (nem vou contar que hoje estamos planejando jantar num restaurante aí, para comemorar nossos 10 anos de casamento "no papel", só por causa do excelente anúncio deles na TV). Muito "patrioticamente" até, Donald J. fala para os mesmos desesperados, prontos a serem radicalizados, só que localizados do "nosso lado" da disputa ideológica e muito bem armados. É um contraterrorista por excelência, e usando as mesmas ferramentas que os facínoras adotam, talvez incorrendo em perigos semelhantes. Por outro lado, pode estar mandando um recado, não o recado errado, como enfatizaram esta semana tantos comentaristas, mas o recado adequado: "Não se metam conosco, pois vocês serão dizimados".

Tudo isso multiplicado por mil através da propagação conectada, nas TVs, na internet e em redes sociais. Se qualquer dessas sugestões será efetivada ainda fica por ser comprovado, o que provavelmente jamais irá acontecer, pois na última hora estamos esperando que apareça um legítimo salvador da pátria — salvador do Partido Republicano, pelo menos. Porque com todo o radicalismo, não estou nada disposta a apoiar os democratas, que já nos fizeram mal suficiente, pelo menos no que se refere a esse assunto de terrorismo, ou alguém vai negar que durante o governo Obama a "radicalização" atingiu níveis nunca vistos? Até mesmo a palavra "radicalização", em sua forma verbal "radicalizado", pelo que sei, é um neologismo inventado como resposta a uma situação que a gente antes desconhecia, é ou não é? Eu, pelo menos, a escutei esta semana pela primeira vez. Mas posso estar errada, claro.

O que para mim está mais do que provado é que os recursos utilizados para examinar o "currículo" de novos imigrantes têm sérias falhas, ou a "Mãe Radical" de San Bernardino jamais teria sido admitida e aprovada.

Outra medida de utilidade pública oferecida por Donald Trump é a coragem que ele tem de dizer em público sem nenhuma censura o que pensa, o que muita gente pensa, sem se deixar intimidar por ameaças midiáticas, e não estou falando da nossa mídia, nada disso, mas da mídia jihadista que tantos riscos tem nos imputado, e na qual Obama demonstra acreditar piamente como qualquer cooptado (não estou afirmando nada, me contem fora dessa).

Nem é que eu queira ver sangue, mas uma dessas ameaças é a crença nessa besteira de que, se houver um exército em terra [*boots on the ground*], ele certamente será derrotado pelas forças do califado, de acordo com alguma previsão idiota da Idade Média numa sociedade ainda sob o impacto do império otomano, que era realmente invencível naquela época, e igualmente aterrorizante. Mas estamos falando do século 13, minha gente! No qual, descontando suas incríveis habilidades de TI, os jihadistas parecem ter estacionado!

Vamos ver quem é "mais macho" no final, apesar de que agora as forças armadas americanas aceitam mulheres em todas as posições. Já ouvi até uma conversa aí de que Putin está se preparando para disparar sobre eles um artefato nuclear. Ai, ai, ai.

Certamente, as comunidades muçulmanas no mundo inteiro têm um sério problema com o qual terão de lidar mais cedo ou mais tarde — o problema do crescente radicalismo que os fatos infelizmente não falham em comprovar, ou alguém aí vai negar que nos últimos ataques todos os nomes dos criminosos envolvidos denotavam uma ascendência muçulmana?

Então, como deveríamos reagir? Oferecendo a outra face? Abraçando e beijando um estranho em meio a uma multidão? Como convencer a todos os demais de que não se trata de crimes com fundo religioso, e de que tudo não passa de injustificado preconceito?

Tá difícil. Mas eles que se virem com isso.

No mais, lá estava eu de novo correndo na esteira quando me deparei com outra frase seminal, desta vez num velho episódio de "Law & Order". Então lá vai, parafraseando Mariska Hargitay, a Olívia do seriado (a frase original se referia ao amor): "Não se trata de fé, mas de lavagem cerebral".

Aliás, ficamos sabendo pelo FBI que, ao se encontrarem online em 2013, em vez de conversar sobre sexo ou amor como todos os apaixonados, o casal endemoninhado de San Bernardino falou de martírio, jihad e ataques terroristas. Que horror.

Olha aí o verdadeiro perigo.

Um ano daqueles

Para M.

Pois é, incrível, estamos de novo naquela época do ano em que, se a gente deixar, as coisas nos carregam para relembrar. Está meio cedo, até, mas por razões que ao longo desta crônica garanto que vocês vão entender, tirarei uns dias de folga na semana que vem, desta vez folga de verdade, não "no expediente de editora" para privilegiar o "expediente de tradutora" ou de "designer", ou outro papel qualquer a que me dedico rotineiramente, se é que vocês me entendem. Vou parar para preservar a sanidade mental, e até mesmo, se conseguir, cumprir minha própria recomendação de me afastar por uns dias da rede social para poder refletir sobre os fatos que tantos reflexos mantêm sobre nós no dia a dia corrido e hiperconectado, ufa.

Amigos, tudo o que tenho a dizer sobre este ano que termina poderia ser resumido numa só frase, curta e grossa: "Eu mudei". Mas vou mais além, citando algumas coisas que me deixaram marcada, não todas, porque neste caso não seria uma crônica, mas uma saga, ou, como bem disse aquele amigo de Facebook, "uma porrada atrás da outra".

Parece ainda mais incrível, mas juro que aquele atentado que matou os cartunistas do *Charlie Hebdo* aconteceu neste ano de 2015, embora enquanto estou escrevendo esteja duvidando de que isso seja verdade. Porque foi um ano que, francamente, começou mal e termina pior — no quesito terrorismo, pelo menos, com os novos ataques em Paris e na Califórnia.

Em 2015, o terrorismo islâmico, com todos os pingos nos iis (caramba, isso vai ser intraduzível de verdade quando eu verter para o inglês), conquistou um lugar sem nenhuma honra entre os nossos maiores medos cotidianos. Para quem mora nos Estados Unidos como eu, não houve assunto de maior relevância, misturado a seus efeitos "menores" como as crises de imigração e refugiados que tomaram conta do debate eleitoral. O que merece uns dois ou três parágrafos à parte nessas minhas convolutas rememorações.

Neste ano em que obtive tantas conquistas como nova imigrante e feliz portadora de um Green Card — daquele de 10 anos, graças a Deus bem diferente do visto temporário concedido desastrosamente à "Mãe Radical" de San Bernardino, francamente, eu, que nada tenho a esconder, tive muito mais medo de ser "reprovada" ou até mesmo "repatriada" do que a radical desalmada, vamos combinar — percorri uma trajetória de opinião da esquerda para a direita que antes seria impensável para mim. Mas que ocorreu naturalmente, com base na minha vivência diária americana. Ou, talvez, por instinto de sobrevivência no estrangeiro, isto é, por amor ao meu republicano marido igualmente de 10 anos, comemorados no dia 10 de dezembro (numerologistas, falem agora ou se calem para sempre).

Por causa disso, comecei a ver as coisas sob outro prisma, e a me sentir mais confortável com um modo conservador de ver a vida, optando, por consequência, por torcer pelos republicanos nas próximas eleições, sem ter ainda conseguido escolher este ou aquele, porque, cá entre nós, parece que a classe política foi pro brejo no mundo inteiro, não apenas no Brasil. No debate desta semana, por exemplo, meu escolhido original, Jeb Bush, tropeçou tanto nas próprias palavras e projetos que pensei que fosse desistir de sua candidatura ali mesmo, no pódio, por pura vergonha da própria inaptidão.

Quanto ao favorito Donald Trump, ainda não o vejo presidente dos Estados Unidos de jeito nenhum, mas reconheço seu importante papel em trazer para o debate umas questões que já andavam atravessadas nas nossas gargantas faz um bom tempo, lá enfiadas de modo sufocante pela ditadura do "PC" — não *personal computer* como poderia parecer e até faria todo o sentido, mas "politicamente correto", um acrônimo novo que aprendi ontem. De toda forma, e cabelo engraçado à parte — algo em que o candidato, aliás, faz a maior questão de não mexer —, comparar o candidato a Hitler é uma armadilha tremendamente ofensiva na qual vários queridos comentaristas liberais têm caído. E ofensiva não para o candidato, que a tudo ignora solenemente, nem para o povo, que continua optando por ele tranquilamente, haja vista sua subida nas pesquisas, mas para o imaginário americano.

Como assim, o generoso, misericordioso, comunitário povo americano estaria pensando em eleger um nazista? É um escândalo, e uma injustiça. Isso, para nem mencionar que não vejo um único ponto de contato entre os Estados Unidos de hoje e a Alemanha da República de Weimar que precedeu à ascensão (e subsequente queda, felizmente) do 3º Reich. Essa gente não pode estar falando sério. Em primeiro lugar, embora dez entre dez candidatos e comentaristas se refiram à economia como "desastrosa", eu, como brasileira, acho que é francamente auspiciosa, vamos combinar. E o "Fed" está aí para confirmar. Não vejo ninguém fazendo fila para adquirir cupons de racionamento, nem pessoas trazendo um carrinho de mão cheio de dólares corroídos pela inflação para comprar um pão. Os muçulmanos que estão em discussão — não vou me arriscar a dizer se justificadamente ou não — não estariam, se fosse o caso, sendo "discriminados" com base em sua raça nem em sua religião, mas na verdade com base no medo real que todos sentimos de seus irmãos extremistas, que matam gente a rodo sem nenhuma hesitação; nem muito menos tendo seus bens confiscados ou sendo tratados como animais, ou ainda, correndo o risco de serem assassinados em massa e em seguida incinerados, sem perdão. Isto, meus amigos, jamais aconteceria nos Estados Unidos, que arrotam com orgulho sua fidelidade à constituição.

Vou parar por aqui. Uma das minhas prováveis resoluções de ano novo seria, se fosse possível, me deixar incomodar menos pelo que escuto ou leio por aí, e, principalmente, me manter à parte da extrema polarização política que tem tomado conta do nosso ambiente, esteja a gente onde estiver. Indo mais além, prometo trabalhar com dedicação para deixar de lado minha própria baixa estima, que envenena meu trabalho de cronista por conta das dúvidas comuns e pensamentos inconclusivos que deixo transparecer, quem me dera ter a segurança de alguns colegas que tomam como suas certezas das quais apenas ouviram falar, sem nenhum real conhecimento de causa. E olhem que nem se posicionam como "cronistas", analistas relaxados e confessadamente tendenciosos como eu, irônicos, exagerados, sempre com um pé na impressão pessoal sobre todas as coisas, mas sim como donos de uma verdade única.

Quanto ao amado Brasil que deixei para trás... que tristeza! Em meio ao desânimo e à depressão que nos afetaram a todos devido aos descalabros na economia e na política (graças a Deus ainda continuamos sem medo de terrorismo), terminamos o ano com a aguardada notícia de que fomos rebaixados ao nível "especulativo". Em outras palavras, caros amigos: por conta da corja que nos governa, perdemos todas as custosas e merecidas conquistas a que fizemos jus nos últimos 20 anos, quando quase esquecemos nosso eterno rótulo de país sem futuro, imerso em terceiro-mundismo.

Pura ilusão. Para a nossa geração, tanto de empreendedores como de cidadãos, trata-se de uma condenação sem mais esperança de redenção, pois nem vivendo até os 120 como reza a Bíblia estaremos vivos para ver a reação, é isso aí: uma vida inteira perdida, tentando manter o pescoço afastado do garrote vil e do insistente fracasso de nossas iniciativas. Já deu.

E por falar em fracasso, depressão e terrorismo tudo junto, vou ter que terminar esta retrospectiva com uma homenagem, um comentário tristíssimo que infelizmente deu o tom final nesta lúgubre jornada: um de nossos colaboradores mais chegados, rapaz dedicado, muito competente, essencial para a tranquilidade de nossas operações no Brasil, a gente estando longe como todo mundo sabe, na semana passada tirou a própria vida. Mal posso acreditar... no dia exato em que ocorreu a tragédia, trocamos emails pela manhã! Como pode isso? O sujeito trabalha o dia todo resolvendo problemas cabeludos e à noite vai para casa e se mata, deixando mulher e filho?

Apesar de toda a minha conversa sobre bipolaridade e falta crônica de felicidade, sempre no tom jocoso próprio dos cronistas, vamos combinar que tal possibilidade devido às dificuldades nunca me passou pela cabeça. E mesmo que tivesse passado...

— Eu nunca permitiria! — Alan foi logo se adiantando, especulando que com a onda de más notícias tal reação se tornaria comum no Brasil, como ocorreu, por exemplo, durante a crise de 1929.

Respondi logo, disse que o brasileiro não é dado a esse tipo de extremo, tende sempre a buscar o lado bem-humorado das piores situações, um povo emocionalmente privilegiado, eu acho.

Alan, que tem uns episódios não relatados em sua própria história pessoal, tendo em certo momento colaborado com o tratamento de pessoas em terríveis dificuldades, me conta, bastante tocado, que em situações graves como esta bastaria um toque amigo no ombro, uma pergunta amorosa e um interesse verbalizado:

— E aí, meu querido, tá tudo bem contigo?

Pois é. O Tzadik sabe.

Nos vemos em janeiro, e tudo de bom procês!

LÁGRIMAS DE CROCODILO

Pronto. Primeira crônica do ano e já estou liquidando minhas melhores resoluções, fazer o quê.

Durante o recesso de ano novo, no qual, aliás, me dediquei a ficar na cama e ver filmes na TV, me revelando incapaz até mesmo de ler o que quer que fosse, de tanto cansaço, contemplei vários temas interessantes para abordar no futuro, tendo em vista minha firme intenção de no ano vindouro (2016) evitar a qualquer custo a discussão política que vinha envenenando o meu cotidiano de escritora. O mundo não está para principiantes, e venho tentando me ajeitar nele o melhor que posso.

Devido às recentes atividades de tradutora que pretendo priorizar cada vez mais, graças à minha própria situação de habitante dependente de constante tradução para poder sobreviver, este foi um dos assuntos que contemplei. Na virada do ano, tentando escapar à voraz realidade e me aproveitando do fato de boa parte da mídia qualificada estar em recesso como eu, retomei o velho hábito de ler revistas científicas, e um dos artigos que me chamou a atenção, publicado na *New Scientist*, explicava como o "idioma em que fomos criados forja a nossa personalidade" ou algo assim —

confesso que ainda não tive acesso ao artigo completo, já que minha assinatura recente só franqueará a leitura a partir da semana que vem. Mas desde já vou endossando esta ideia, pois a experimento na carne diariamente: ninguém emigra impunemente, como todo mundo já sabe.

Outro assunto interessante foi a questão das problemáticas traduções de nossas mais caras tradições, como, por exemplo, o mito de Adão e Eva. Segundo matéria publicada na *Biblical Archaelogical Review*, Eva foi feita do "osso do pênis de Adão", e não de sua costela como costumávamos acreditar. Mas que negócio seria esse de "osso do pênis", do qual eu nunca tinha ouvido falar?

Muitos mamíferos, ao que parece, têm o tal osso — *baculum* — em sua anatomia para manter o dito de pé sem grande esforço, e pensando bem, faz todo o sentido, metaforicamente falando. Afinal, trata-se sempre de uma metáfora da criação, não é mesmo? Em primeiro lugar, o homem não possui um báculo (do Houaiss: cajado, amparo, arrimo, osso-do-pênis), tendo que contar com sua própria energia para seguir ereto, sem trocadilho; em segundo, tendo-o cedido a Eva, deu igualmente a ela o poder de levantar sua "moral" quando necessário, através do amor conjugal que eventualmente os une com vistas à sobrevivência da humanidade —desculpem-me os outros gêneros obrigatórios hoje em dia, para os quais este apoio imprescindível vem de outros igualmente dotados e desossados, o que, por outro lado, poderia derrubar de uma penada o novo paradigma de pensamento. O ledo engano poderia ter sido gerado por um equívoco na tradução do aramaico, coisa que, aliás, abunda em nosso cotidiano cultural, como no caso do "Mar Vermelho" que substituiu o mais correto "Mar de Sargaços".

Dá para entender por que eu facilmente me perderia

em elucubrações desse tipo com muito prazer, mas aí apareceu outro tema igualmente apaixonante: a conveniência do diletantismo ao qual tão diligentemente me dedico. Ao me deparar com um vídeo-palestra que Alan adorou, e enfaticamente me recomendou, que pontificava que, no fundo no fundo, tudo no universo não passa de "luz", ou "energia luminosa", cheguei à brilhante conclusão de que quanto mais a gente pesquisa, mais perdida a gente fica. E para evitar a queda no nada, nada melhor do que nos mantermos na superfície, sabendo um pouco de tudo sem nos aprofundarmos em nada, ou melhor, no nada em que irremediavelmente o vasto conhecimento transforma nossa existência.

Pois é. Compulsão (eu ia escrever "confusão", mas me detive a tempo).

Vai daí que ontem à noite assisti na TV — esta mistura contemporânea de vício e lazer que nos incentiva ao sofá nosso de cada dia em detrimento de atividades ao ar livre, principalmente em climas frios ou quentes demais — a um elucidativo documentário de duas horas sobre o primeiro-ministro de Israel, Benjamin Netanyahu, que me levou a concluir que, apesar das débeis tentativas de vários colunistas no sentido de nos convencer de que a política não presta e estaríamos bem melhor se nos dedicássemos apenas ao que urge nosso próprio umbigo, a discussão política, meus amigos, embora mutante e passageira, é essencial para a nossa compreensão deste vasto e insensato mundo.

O roteiro, que apresenta Netanyahu desde sua infância e adolescência passadas nos Estados Unidos, até sua ascensão, digamos, não ao posto máximo do Estado de Israel, o que já me motivaria o suficiente, mas ao posto de "político mais afiado da atualidade", segundo concluí recentemente, mostra igualmente um quadro completo da evolução dos problemas no Oriente Médio — tudo bem, alguns prefeririam descrevê-lo como "involução", e os entendo muito bem.

Nossa mãe, como fica claro que Obama esteve errado desde o início! E eu também! *Mea culpa! Mea máxima culpa!*

Logo na primeira semana de seu primeiro mandato, apesar de ter sido eleito com o apoio explícito da comunidade judaica (e nela me incluo), o atual presidente dos Estados Unidos demonstra sua disposição de "nos" levar para o "outro lado", afastando-se das lealdades costumeiras e profundamente enraizadas na *gestalt* local desde a grande guerra que catapultou o país para os píncaros do poder global. O discurso de posse de Obama deixa bem clara a ascendência muçulmana e a proclividade para favorecer esta comunidade, o que não seria nenhum problema se...

Bem. A grave questão que se configurou é que, apesar de suas opções nada ortodoxas, Obama falhou também nisso, e em vez de melhorar o *status quo* daquele explosivo canto do mundo com seu "revolucionário apoio", fez com que a situação piorasse consideravelmente para eles também, *et voilà*, estava instalado o caos — que neste novo ano só tende a se agravar, com vizinhos se estranhando mutuamente, laços diplomáticos rompidos, decepamento de cabeças e tudo o mais. Promissor.

Ok, bem que eu poderia ter feito um leve esforço para evitar esse assunto espinhoso, pelo menos na primeira semana do ano, quando todos os prognósticos e esperanças de futuro ainda estão em fase de franco ajustamento. Mas aí houve a já icônica entrevista coletiva de Obama em favor do controle de armas, na qual o assim chamado "homem mais poderoso do mundo" se emocionou visivelmente, derramando duas ou três lágrimas em público.

Vamos combinar, todo ser humano neste mundo tem direito a um descontrole ou outro quando as coisas ficam pretas. Eu mesma, imaginem, no mesmo dia do chororô de Obama tinha me descabelado em soluços durante mais de uma hora por causa de um problema com o computador (nem vou mencionar o profundo golpe na minha autoestima por trás desse meu pranto incontido, convulsivo, inclementemente criticado por Alan como ele sempre faz, nunca oferece um gesto de consolo e paz), e até poderia confessar que minha confiança na "elevada sensibilidade" de Obama foi o que me levou a torcer por ele em 2008, contra a recomendação e impositiva opinião do meu marido Alan, que acaba provando ter razão em, digamos, 78% das ocasiões. A desastrosa eleição de Obama entre elas.

Mas, cá entre nós, ver Obama chorar desse jeito por um motivo — justificado, até, mas que no fundo no fundo se deve à generalizada incompetência de seu próprio governo — é como ver um pai desabar no momento mais difícil, quando a gente mais precisa de sua força e apoio, mesmo que sejam fingidos, pô, peraí. Assim não dá. O sujeito não é um "rapaz sensível", mas o todo-poderoso presidente dos Estados Unidos!

Outros comentaristas políticos, bem mais à direita do que eu, fizeram o possível para tratar com simpatia o ocorrido, na linha "não duvido da seriedade de suas emoções", mas não tardando a acrescentar: "Embora seu foco esteja completamente equivocado". Mas eu, vocês vão me desculpar, não vou oferecer meu ombro para consolar o pobre desgraçado do político mais poderoso do mundo, nem pensar.

Se isso lhes servir de consolo, podem colocar minha falta de compaixão e solidariedade na conta da minha traumática criação como o Alan sempre faz, seja lá o que isso significa. Ou afirmar que a perda precoce de meu pai me transformou numa criatura fria, odiosa e manipuladora, oposta a qualquer proposta conciliadora. Que seja.

O que não posso é de agora em diante me dedicar a mentir em público, ou ao meu limitado público, com o único e inválido objetivo de aparecer bem na fita. Às vésperas dos meus 64 anos, estou velha demais para isso, me desculpem. E além do mais, tal atitude liquidaria de vez a minha declarada honestidade e compromisso firmado com a verdade da minha própria opinião, seja ela qual for e doa a quem doer, e isso não estou disposta a conceder. Como, aliás, fez Obama, que em sua instigante campanha eleitoral prometeu total transparência de propósitos e ações, um dos primeiros pilares morais de que o nosso presidente infelizmente abriu mão. Triste demais da conta.

GLOBO DE LATA

Quando o charmoso, carismático personagem adentrou o plenário, o mundo em suspenso parou para observá-lo: um sorriso aberto, cativante, dentes muito brancos, uma simpatia irresistível irradiava do mais alto dignitário da nação — segundo ele mesmo, de todas as nações.

Não tardou para que o silêncio reverente fosse rompido por um turbilhão de aplausos, todos de pé, entusiasmados.

— Sentem-se por favor! Fiquem à vontade!

O espetáculo estava para começar. Na plateia, alguns candidatos ao posto de próximo superstar observavam atentos, enquadrados pela câmera de tempos em tempos, tentando captar o código de atuação misterioso que fazia daquela criatura a mais perfeita encarnação, o ícone inesquecível de nossa mais idealista concepção. Que prazer! Que emoção!

Seguiu-se um dos discursos mais empolgantes de toda a temporada política. Em pé no pódio, as mãos firmes e o olhar cintilante, o incensado ator de olhos lacrimejantes destilava suas sábias palavras no tom correto — às vezes suave, outras incisivo, sempre eficaz.

Um a um, seus incontáveis sucessos foram sendo enumerados. E, como não poderia deixar de ser, o momento *"mea culpa"* nos levou de roldão para que nos identificássemos com a inevitável perspectiva da falta, da falha eventual. Afinal, "errar é humano". E vamos em frente.

Para elevar o astral, veio a promessa magistral:

— Façamos da América o país que vai curar o câncer, de uma vez por todas!

Isso! Oba!

O testemunho final nada deixou a desejar, para um país que anda carente, não só de confiança em suas próprias instituições, mas também em seus líderes institucionais:

— Os Estados Unidos são a nação mais poderosa sobre a Terra. O "estado de nossa união" prossegue firme e forte!

Oba!

O problema, meus amigos — e não estou sozinha nisso, até os amados e ex-incondicionalmente-admirados colunistas liberais estão falando sobre isso — é que é tudo teatro, e tanta falsidade pôde ser detectada ao longo do discurso ufanista na expressão de incredulidade insistentemente exibida pelo presidente do Congresso, Paul Ryan, que é da oposição. Este país pujante e poderoso que Obama descreveu no púlpito simplesmente não existe. Segundo o Gallup, 79% dos americanos estão preocupados e insatisfeitos, e não seria Obama no pódio "jogando para a galera" que iria mudar isso.

Muito safo, Obama optou por não ressaltar em seu último discurso anual no Congresso sua "guerra contra a posse de armas", além de ter evitado cuidadosamente outros temas igualmente espinhosos. Mas a ávida plateia não foi poupada de uma conclusão apocalíptica ou duas:

— O ano de 2014 foi o mais quente da história... até que 2015 tomou o seu lugar.

E aqui vou precisar de um parêntese, me desculpem. Sou daqueles "poucos, isolados, discriminados" conforme o próprio Obama ressaltou — o "ignorantes e idiotas" não foi acrescentado à lista de nossas péssimas qualidades —, que se incluem entre os infelizes descrentes da ameaça humana ao aquecimento global.

Eu já vinha me incomodando com o assunto desde que as temperaturas médias de dezembro aqui no nosso rincão estavam bem mais altas que o de costume, embora eu não seja exatamente uma autoridade naquilo que "é de costume" nesta cidade onde moro há pouco mais de um ano, mas que estava bem quente, estava. Vai daí que escutei o incensado Leonardo DiCaprio, nosso "embaixador do clima", discursar em Paris para "dar o tom" das conversações internacionais destinadas a "salvar a humanidade de si mesma", se é que vocês me entendem. Estava meio quente, tá certo, mas a verdade é que o ano em questão nem havia terminado... como seria possível classificá-lo com tanta certeza?

Alan já tinha me tranquilizado, mas, como vocês sabem, não confio em ninguém, e nele muito menos. Então fui por mim mesma checar as tais "determinadas" de que DiCaprio tão seguramente falava, 98% da comunidade científica etc. e tal.

Amigos: os dados disponíveis são tão dúbios e enrolados que duvido um pouco de que qualquer leigo os entenda. Além do mais, uma carioca por adoção como eu não deveria se espantar nem um pouco com uma ilha de clima quente em meio ao inverno (in)clemente. Afinal de contas, por quantos "veranicos" no auge do inverno eu já tinha passado? Ainda por cima com um El Niño sendo considerado como o (segundo) mais forte já registrado?

Mas lá estava o glorioso DiCaprio, hoje feito ainda mais glorioso por seu recente Globo de Ouro — para mim, de lata. Não vos parece auspicioso que em vez de o "embaixador" em questão ser um cientista criterioso, o tal encontro oficial optou por uma celebridade de Hollywood?

Ator, de acordo com o Dicionário Houaiss: "aquele que sabe fingir, farsante". Ou, para ser mais poética como exige o instante, "um fingidor, aquele que finge tão completamente, que chega a fingir que é dor a dor que deveras sente". Pô. Peraí.

Enquanto escrevo, o tão antecipado aviso de deixar as torneiras pingando para evitar o congelamento da água nos canos, tão detestado no ano passado, ocupa sua tão aguardada e muito bem-vinda posição no gramado seco do condomínio. Faz 9 graus, dia ensolarado, um frio do cão. Vai nevar no domingo. Alguns dias do mês serão mais quentes, outros mais frios do que a média histórica local.

Fim do parêntese.

Enquanto isso, nas redes conservadoras discutia-se a todo vapor o papel instigador — instigador de confusão, digo — dessa "gente de teatro", um debate enriquecido pelo recente escândalo de Sean Penn na *Rolling Stones*, entrevistando "El Chapo" e fazendo as vezes de (mau) jornalista. Me poupem.

A noite cívica ainda não tinha terminado, e boa parte do eleitorado terminou compensada pelo discurso discreto, racional e bem balanceado da mais discreta ainda Nikki Haley, governadora do "nosso" Estado, Carolina do Sul. Que orgulho!

Descendente de imigrantes *legais* — Alan fez sua "dancinha feliz" apontando para mim, *et voilà*, estávamos bem na fita —, Nikki era a imagem exata da autoridade centrada, bem informada, confiável. Comentei com ele que eu lamentava que nossa governadora não estivesse madura o suficiente para se candidatar a presidente, caso em que estaríamos razoavelmente bem arranjados, o contrário da realidade a que estamos confinados, com os candidatos de oposição se digladiando para ver quem soa mais irresponsável. Num cenário no qual, vamos combinar, a possibilidade de uma nova vitória da situação é francamente impensável.

Me confesso perdida, meus amigos. Estamos até fazendo as contas para ver como nos sairíamos financeiramente numa eventual volta ao Brasil, onde, com o dólar (e o diabo) a quatro, estaríamos muito bem posicionados. Isso, para não mencionar a... deixa pra lá. É tudo brincadeira, de qualquer maneira. Lembram daquilo que a gente dizia bem lá atrás, quando Lula era apenas uma ameaça no horizonte?

"Se Lula for eleito, o último a sair do aeroporto favor apagar a luz", ah, é mesmo, isso não se referia a Lula em absoluto, a não ser para os mais caretas naquela época, entre os quais, para variar, eu estava incluída. Substitua-se "Lula" por "Hillary" e estaremos bem encrencados... bem, como todos sabemos, toda promessa de inevitável fracasso costuma tardar, mas nunca falha.

Por email, uma amiga querida se confessa chocada com meu forte posicionamento "maria-vai-com-as--outras" contra o governo Obama, e, por extensão, contra o Partido Democrata. Que, como todos sabem, nós, intelectuais e guias da manada, temos a obrigação moral de apoiar. Minha amiga que me desculpe, mas não posso fazer nada. Só posso esclarecer que quem está vendo tudo isso de fora ignora bem mais que a metade do que rola por aqui. Vivendo no país, a gente está exposta a uma overdose de informação democrática diária, que inclui estações de TV de orientações variadas, centenas de programas de entrevistas à escolha (da ideologia) do freguês e até um canal ou dois que se reputam realmente isentos, limitando-se a transmitir os acontecimentos sem meter o seu bedelho em sua respectiva interpretação, como os C-Spans, por exemplo, um tipo de "TV Senado" que deixa a chatice de lado.

No mais, resta-me lamentar que a vida só venha a confirmar que, em qualquer local ou situação, a grama do vizinho continua sempre mais verde, sem exceção. Quanto à minha desolada amiga, não teve outra saída a não ser me responder com um monossilábico "obrigada por sua explicação", quando terminei minha explanação com uma afirmação curta e grossa:

— Vou acabar no "The Donald", quando perderei sua amizade, rsrs.

A MORTE DO COMPUTADOR AMERICANO

Nos meus sete anos de editora no Brasil, criei uma espécie de "apego" a uma marca específica de computadores. As máquinas eram sólidas, confiáveis, e o suporte era de qualidade. Por 10% do preço total a gente tinha um atendimento "de elite", válido por dois anos. Quando havia qualquer problema, o técnico autorizado vinha ao meu escritório em Petrópolis, no meio do mato. Além disso, apesar de naquela época não haver "acesso remoto", o suporte por telefone era excelente, e o atendimento de primeira: clientes com um pouco de conhecimento de computadores como eu eram orientados com eficiência, e tudo se resolvia a contento.

Aí me mudei para os Estados Unidos, como todo mundo sabe. Quando precisei de um novo computador, achei que a melhor coisa seria continuar fiel à "minha" marca. Isso, para nem mencionar a alta resolução da tela, única no mercado, e muito importante para boa parte do meu trabalho diário, como criar capas de livro, design de livros etc.

Resolvi me espalhar. Escolhi o modelo mais recente, com tudo a que tinha direito, afinal, eu agora estava podendo. Mas foi um desastre completo. Quando o computador chegou, abri a caixa imediatamente, toda impaciente, empolgada como uma menina. Coloquei o adaptador na tomada, liguei... E percebi logo de cara que 1/4 da tela estava vacilante, meio trêmula, com umas listas coloridas agoniantes.

A placa de vídeo estava estragada.

Não teve jeito.

Tive que devolver a máquina.

Depois disso o modelo que eu queria, continuava querendo, ficou fora de estoque por um bom tempo. Esperei. Quando apareceu na loja, comprei de novo, e dessa vez parecia tudo certo. A tela era linda, a máquina parecia perfeita, oba. Comecei o download de todos os dados que mantenho na nuvem, o que levaria aí em torno de uns dez dias, e fui instalando todos os aplicativos para começar a trabalhar, até que... Deu tela azul, a famosa "tela azul da morte", causada por algum conflito desconhecido.

Por falar nisso, o Windows há pouco tempo substituiu essa tal tela azul e seu aviso alarmante por uma expressão mais simples, tipo "algo não deu certo e vamos reiniciar seu computador para você", não lembro as palavras exatamente (principalmente porque agora o meu computador fala inglês), com uma daquelas simpáticas "carinhas tristes". Bem melhor, vamos combinar.

Liguei para o suporte na mesma hora. O técnico, com a maior boa vontade, até que tentou consertar com acesso remoto, mas foi logo avisando que não ia dar certo. Ele ia me mandar pelo correio um pendrive com o Windows original, e se o computador travasse de novo, eu ia ter que restaurá-lo para a "imagem de fábrica".

Não deu outra. Não deu pra escapar. Tive que reformatar.

Foram outros dez dias de trabalho "afinando" o

computador, e aí percebi que os arquivos que eu precisava enviar para o impressor, coisa que faço quase todo dia, não estavam subindo de jeito nenhum. Nem um simples anexo no Gmail eu conseguia subir.

A conexão estava normal. Nos outros computadores da rede — como o meu mais antigo, já bem ruinzinho — tudo subia normalmente. Tentei excluir os possíveis problemas, como o firewall ou algo assim, e acabei ligando de novo para o suporte.

Alguém já tinha me alertado que esses computadores "*made in China*" estão cada vez piores, talvez por causa da decadência das fábricas na China, sei lá. Aqui em casa a gente dizia que todos os computadores chineses vinham com um "chip espião" embutido, era preciso cuidado com isso. Mas era tudo piada. O Windows defeituoso pela segunda vez era coincidência, falta de sorte, só isso.

Só que não. Havia centenas de reclamações online, mas achei melhor fingir que não as via.

De volta à sessão remota. Sendo também estrangeira, cortei um dobrado para entender pelo telefone o forte sotaque indiano do atendente. Resolvemos a questão teclando em vez de falar, e aí o técnico avisou que ia baixar, no *meu* computador e *com a minha permissão*, um desses softwares antimalware "gratuitos" que apontam mil problemas na sua máquina, mas não resolvem nenhum. Tudo para nos convencer a comprar uma versão premium, que, essa sim, "vai nos proteger com eficiência".

— Você vai mesmo instalar esse software comercial aí? — perguntei. — Tem certeza de que a sua empresa *recomenda mesmo* esse software?" — enfatizei, realmente preocupada.

— Tenho, sim. Usamos esse software o tempo todo, não se preocupe. Vamos consertar o seu computador.

Bingo. Meu computador novinho em folha tinha 1.000 "ameaças". Eu estava perdida.

Só que não. Esse tipo de alerta geralmente é falso, não afeta em nada o computador. Pelo menos de acordo com a minha (longa) experiência no assunto.

Em seguida, o técnico tentou me convencer de que eu deveria comprar o suporte "premium" da companhia, que iria me custar 30% do preço pago pelo computador. Por ano. Não me interessei.

Não lembro exatamente como as coisas aconteceram, mas acabei falando no telefone com o supervisor do sujeito. No meu inglês (que Alan considera) estropiado, reclamei do técnico e dos programas que ele tinha instalado. O supervisor se desculpou, parecendo consternado de verdade, e fui transportada de repente para dentro de um daqueles filmes indianos que mostram a dura rotina em terríveis *call centers*, onde os tais supervisores mais parecem feitores de escravos. Numa versão mais moderna, obviamente.

Fiquei com a maior pena do técnico, devo confessar. Mas, cá entre nós, eu não podia fazer nada. Tinha meus próprios problemas para resolver.

Para encurtar a história, esta semana tive mais uma sessão remota com o *call cen...* ops, com o suporte indiano. Dessa vez o técnico passou mais de duas horas no meu computador, e de graça. Agora era uma "questão de honra". Ele iria consertar minha máquina de qualquer maneira, custasse o que custasse.

Só que não. O sujeito instalou a tal ferramenta "especial", à qual, imagino, só tem acesso quem tem o tal caríssimo "suporte premium". O técnico em questão fez um monte de testes, mudou várias configurações, limpou o registro do computador e o escambau. De nada adiantou.

No dia seguinte acordei tão irritada que fui direto pesquisar no Google, onde, como todo mundo sabe, os generosos gênios de computador compartilham seus conhecimentos completamente de graça. E encontrei finalmente uma sugestão para conferir a data do meu driver de wireless.

Verifiquei a versão. Estava ultrapassada. Em menos de um minuto, direto pelo Windows, baixei o driver mais recente, *et voilà*, meu problema foi resolvido ali, na hora.

Fiquei pensando que tipo de empresa confiaria seu atendimento ao cliente a uma equipe tão incompetente, e por que motivo faria isso. Para economizar uns trocados? Para eliminar alguns empregos americanos? Ou para cometer suicídio empresarial?

Tá bem. Melhor esclarecer de uma vez. Não escrevi esta crônica para criticar *todos* os centros de suporte indianos, só esse que me atendeu. O suporte da Adobe, por exemplo, é dez, e não é só isso: o atual CEO da empresa é um indiano-americano. Já o Calibre, meu software favorito de conversão digital, que além de tudo tem o atendimento ao cliente mais amigável do planeta, também foi criado por um indiano genial.

Quanto à China, bem, parece que a indústria chinesa não está indo tão bem das pernas, não é mesmo? Melhor deixar pra lá. Para o bem ou para o mal, o tempo vai dar um jeito nessa coisa toda.

Continuei pensando. Pode até ser que alguns desses candidatos radicais à presidência dos Estados Unidos tenham certa razão, no meio de tanta reclamação. Terceirizamos demais da conta, e agora o feitiço tecnológico está se voltando contra o seu feiticeiro, tá doido, sô.

O famoso kibutz de Bernie Sanders

Há coisa de uns poucos meses, por volta de junho do ano passado mais ou menos, minha melhor amiga de infância, também brasileira, e que também mora aqui com seu marido americano, me ligou para falar de uma reunião de arrecadação de fundos para o incipiente candidato democrata à presidência dos Estados Unidos, Bernie Sanders.

— Imagina! — ela me disse, toda animada. — Se ele for nomeado, talvez venha a ser o primeiro presidente judeu dos Estados Unidos!"

Não dei a menor pelota. Mandei um beijo e desliguei.

— Quem é esse tal de Bernie Sanders? — perguntei para o Alan.

Naquela época, Hillary Clinton não só era a líder indiscutível nas pesquisas, mas a primeira e única candidata democrata. Logo depois apareceu Sanders, como uma opção à época meio descartável, um cara meio velho demais, insignificante, vindo de um Vermont distante, Estado americano gelado quase encostando no Canadá.

Pois esta semana, vendo Sanders saindo da Casa Branca depois de uma reunião com Obama, confesso, fiquei balançada. O velho tinha chegado longe, contra todas as expectativas, com seus 49% nas pesquisas.

Lembrei do meu pai, um sionista idealista que em 1950 deixou tudo para trás e emigrou para Israel, dias depois de seu casamento com minha mãe. Numa das cartas maravilhosas que ele mandou para ela durante o breve namoro, ele escreveu: "Em *Eretz*, não seremos mais estrangeiros. E não vamos mais nos preocupar com dinheiro".

Papai, um dos fundadores de *Ein Dorot*, um tipo de kibutz preparatório em São Paulo, escreveu que "as boas coisas da vida são difíceis de obter, mas devemos ser fortes o suficiente para superar todos os obstáculos, quando temos certeza de que o que procuramos é justo, e é o que realmente queremos. E eu tenho essa certeza".

A vida em Afikim, nome do kibutz onde nasci, a uns oito quilômetros de Tibérias, cidade à beira do mar da Galileia, não era assim tão fácil. E a superação dos obstáculos tampouco foi tão gratificante. Mamãe ficou doente, e meus pais decidiram voltar para o Brasil, muito contra a vontade do meu pai — pelo menos, foi no que acreditei por um bom tempo, mas bem mais tarde minha tia me contou que não foi bem assim. Meu pai estava na verdade profundamente decepcionado com os conchavos políticos dentro do kibutz, uma instituição que, no frigir (do pó) dos ovos, lhe pareceu bem distante de seus lindos sonhos idealistas.

De volta ao Brasil, papai se tornou comerciante, foi empresário, até morrer em 1972 num acidente de carro, como já contei. Tinha 44 anos. E embora falasse bastante sobre o assunto — e na minha cabeça eu acreditasse que ele *pensava muito* a respeito — não conseguiu voltar a morar em Israel.

Em 1970, passei um ano lá trabalhando num kibutz, bem a tempo de experimentar a tal divisão radical de todos os bens, e também a deliciosa falta de preocupação com dinheiro no dia a dia. Mas quando voltei ao país em 1998, as coisas tinham mudado. No kibutz onde a minha prima morava com sua família, todo mundo queria "possuir" seu próprio carro (heresia!) e viajar para a Europa. Pior, o horror, estavam usando *cartão de crédito* para comprar comida no mercadinho local. Hoje, não sei a quantas anda essa cultura progressista.

O que quero dizer com isso é que o socialismo saiu da moda, e não demonstrou ser tão bom assim para o progresso humano, fortemente baseado na ambição pessoal e na competição. É o que eu penso, pelo menos. E não acho de jeito nenhum que o socialismo vai ser bom para os Estados Unidos, um país fortemente capitalista, baseado na livre iniciativa, na liberdade de ação e nos ganhos de capital — ganhos muito individuais, para dizer o mínimo.

Agora, no que concerne às outras ideias de Bernie, tenho uma ou duas coisas para acrescentar:

— *Em primeiro lugar* — ele tem esse jeito característico de falar, e essa coisa pega — faculdade gratuita e tudo grátis, como todo mundo sabe, deu no que deu aí no Brasil. A universidade federal, que um dia já foi sensacional, está decadente, por conta da falta de recursos e também devido à influência política na escolha de seus professores e reitores. Quanto à prática social de dar coisas de graça e "ajudar os pobres", bem, resultou no mais grave e disseminado exemplo de corrupção que este país já viu. Hoje em dia, ouvi dizer que cada proposta, cada iniciativa de investimento tem que "pagar seu preço" para as autoridades, mas tenho certeza de que as duas coisas não estão ligadas de jeito nenhum, como estou dando a entender. Eu é que sou uma bruxa egoísta, elitista, sem coração.

— *Em segundo lugar*, no que se refere ao famoso

Obamacare, tenho algo ainda mais "íntimo" para compartilhar. Como nova residente, descobri que sou obrigada por lei a comprar um seguro-saúde do programa, ou serei multada. Mas o plano mais barato teria que me custar 650 *dólares* por mês, quase o preço do aluguel, e, francamente, não dá para bancar uma coisa dessas. Para nem mencionar que confio na minha saúde e não estou a fim de ser obrigada a nada. Então decidi radicalizar e "ficar fora da lei", correndo o risco da multa. Que, aliás, é bem insignificante, tipo aquela que a gente paga por não votar, entenderam? O destino da minha boa saúde este ano coloco nas "mãos de Deus"; e daqui a um ano, se Deus quiser, poderei usufruir do Medicare. Ou assim espero.

Além do mais, devo confessar que aquele sotaque estranho e o jeito de o Bernie falar certas palavras me incomodam bastante, mas quem sou eu para criticar, certo? Alan pode responder, com toda certeza. Muito a propósito, em determinadas situações Bernie e Alan são tão parecidos, mas tão parecidos que os apelidei no outro dia de "Bernizão & Bernizinho", dois judeus mais ou menos da mesma idade, ambos ex-hippies etc. Alan, é claro, jamais poderia ser presidente dos Estados Unidos. Como todo mundo sabe, baixinho não entra no Salão Oval pela porta da frente.

Por outro lado, do jeito que as coisas andam, a ideia de um judeu na Casa Branca é realmente muito interessante. Eu sei, eu sei: embora tenha sido criado como eu mesma fui, não só no judaísmo, mas dentro dos princípios judaicos e de suas noções de integridade, Sanders raramente menciona que é judeu, nem a mídia tampouco enfatiza esse aspecto de sua família e tradição. O que, como todos sabemos, faz de você o que você é.

Pensei cá comigo: *quando era candidato, Obama*

sempre fez questão de negar suas raízes islâmicas, mas como presidente nunca deixa de comprová-las, pelo menos em suas escolhas diplomáticas. Pode até ser que o mesmo aconteça com o Bernie, sei lá. A verdade é que é bem difícil ignorar a cultura em que se foi educado. Mesmo que seja sutil, quando uma decisão se impõe essa influência sempre aparece.

Só Deus sabe como nós, judeus, andamos necessitados de um aliado na Casa Branca. Ok. Mas isso não quer dizer que vou virar a casaca de repente e passar a apoiar Bernie Sanders para presidente. Ainda estou traumatizada pela minha torcida organizada a favor de Obama, em ambas as eleições, e Alan conseguiu me convencer de que a única culpada pela falta de apoio desse governo ao Estado de Israel sou euzinha aqui... Foi com este argumento impositivo, aliás, que ele me fez mudar de ideia, e finalmente "mudar de lado" na política americana.

Bem. Meu assunto esta semana, antes de eu me empolgar toda com essa visita do Bernie à Casa Branca, era que ultimamente tenho me sentido confusa, enganada pelas aparências na política. Pouco dias antes dos *caucuses* de Iowa, tudo que eu vejo e escuto me parece ser o oposto do que realmente acontece, e não estou pronta para escolher ninguém. Afinal, levando em conta a minha educação fortemente idealista, eu nunca poderia criticar o estilo atraente, sensível, inovador e convincente dos esforços retóricos de Obama. Que orador mais comovente! Lágrimas nos olhos e tudo o mais!

Porém, infelizmente, é tudo discurso. E com pífios resultados. Por outro lado, o triste estado em que se encontra o mundo atualmente é a prova mais contundente do que eu queria dizer. E isso é tudo por enquanto.

É isso aí, meus amigos queridos. Sinto ter que desapontá-los neste derradeiro parágrafo. Quem chegou até aqui meio engabelado pela minha promessa enganosa de revelar finalmente o maior enigma, o "segredo mais bem guardado" destas eleições americanas, isto é, o nome do kibutz onde Bernie passou um bom tempo aos vinte anos, e que talvez tenha sido crucial para "moldar suas visões políticas"... Pois bem, desculpem aí, porque não faço a menor ideia.

TREM DESCARRILHADO

Sério, eu estava cá tentando imaginar o estado de ruína absoluta (com o perdão da redundância) em que o Brasil se encontra como algo à parte do meu exílio voluntário... quando tudo se transformou numa história mais pessoal do que eu planejava: uma amiga querida descobriu-se grávida durante essa onda de alarme envolvendo a gravidez no país mais infestado por vírus destes últimos dias.

Eu e Alan conversamos, e ele me aconselhou a escrever sobre o tema, caso eu assim decidisse, de forma mais científica e sem nenhum viés em particular — uma missão impossível. Para começar, não sou cientista. Pior, mais grave, sou fiel praticante e disseminadora de disse-me-disse, mais inconveniente ainda devido ao meu hábito de exagerar. Pelo menos no Brasil, o que escrevo pertence ao gênero literário amplamente conhecido como "crônica" (não reparem, eu agora também escrevo para estrangeiros), também caracterizado por um ponto de vista muito pessoal.

Não que a grande mídia seja muito diferente, nada disso. Sempre que a gente tenta se aprofundar em tudo o que foi publicado, ou ainda está sendo anunciado, é exatamente o que a gente encontra: mais disse-me-disse.

Nada disso me espanta. Vivi minha vida toda num país que o Alan não conseguiu deixar de apelidar como "a terra de Absalokhes" (*sorry*, não faço a menor ideia de como devo escrever isso), onde, de acordo com uma antiga, politicamente incorreta canção em iídiche, "vive um negro *mit* [com] um *tokhes* [traseiro] branco". Cá entre nós, não tem nada de ofensivo nisso, trata-se apenas da descrição de um país onde praticamente todos os aspectos da vida diária estão repletos de mentiras e impossibilidades.

Ok. Poderíamos, muito bem, estar descrevendo o Brasil de hoje.

Mais surpreendente ainda é que de repente, não mais que de repente, a altamente marginalizada comunidade científica brasileira (um oximoro, diriam alguns) passou a ser vista como legítima e precisa pelo primeiro mundo — pelos Estados Unidos, para ser exata, cujo presidente ofereceu de imediato outra de suas miraculosas intervenções, com as quais pretende salvar o mundo de si mesmo. Ou, pelo menos, de sua grave doença largamente disseminada.

Não me levem a mal. No campo das doenças infecciosas, principalmente as transmitidas por mosquitos, a ciência brasileira com certeza tem seus luminares. Como Carlos Chagas, por exemplo, que não só descobriu uma perigosa doença em 1909, como também a descreveu e nomeou — doença de Chagas — embora não tenha encontrado a cura.

Tudo o que posso dizer sobre o *Aedes Aegypti* de um ponto de vista mais pessoal é que nos encontramos certa vez, há mais de 10 anos. Sim, eu tive dengue, naquele momento a única doença transmitida por este determinado mosquito. Meu Deus, como passei mal.

O tal mosquito sempre foi descrito como uma praga de verão, prosperando à vontade em águas paradas, acumuladas devido às pesadas chuvas da estação, e também naqueles pratinhos sob os vasos de plantas. Éramos instruídos a manter bem secos os tais pratinhos, e no auge da epidemia, agentes de saúde do governo eram autorizados a entrar nas casas para esvaziá-los e espirrar inseticida. No inverno não se ouvia falar em dengue, tudo bem que no Rio, como todo mundo sabe, o "inverno" dura uns dois dias, com sorte três.

Agora, falando sério, ao longo desses mais de 30 anos em que morei no Rio de Janeiro, nunca se ouviu falar de dengue nos meses de inverno — junho, julho e agosto. O que nos leva a suspeitar dessa pressa do governo Dilma em emitir um alerta mundial, que acabou resultando em milhares, milhões de cancelamentos de planos de viagem, afetando os próximos Jogos Olímpicos. Por que ela faria isso?

Deus me livre e guarde de tentar interferir na *mui* desejada saúde das nossas gestantes, mas, francamente, não consigo parar de me perguntar: por que agora? Por que desse jeito, considerando que o vírus da zika foi detectado no Brasil pelo menos desde a Copa de 2014? E não é só isso. Enquanto o pânico se espalha, parece que o país inteiro está condenado, transformado num inferno, afundado debaixo de um negro enxame de mosquitos infectados. Quando, na realidade, o foco é bastante limitado a determinado Estado, mais ainda, uma pequena parte desse Estado no sertão do nordeste, uma das regiões mais pobres do país. Onde, aliás, boa parte dos casos suspeitos de microcefalia foi, na verdade, declarada como dissociada do vírus da zika.

Haveria quem sabe alguma possível ligação entre esse alerta e todos os demais graves problemas que têm afligido o governo Dilma? Algum tipo de distração diabólica, talvez?

Tá bem. Desculpem aí. Melhor me ater aos fatos desta vez.

Um dos mais terríveis resultados dessa onda de mídia alarmante é que grávidas perfeitamente saudáveis, muito provavelmente não infectadas por mosquito nenhum, estão pensando seriamente em aborto — que no Brasil, como todo mundo sabe, é ilegal, podendo ter sérias consequências se a grana estiver curta demais para pagar uma clínica sofisticada, clandestina de qualquer maneira. Para não mencionar as centenas de fetos saudáveis correndo o risco de serem privados de seu direito à vida. Vamos combinar, é fácil o pânico se descontrolar.

E por que cargas d'água eu perderia meu tempo escrevendo sobre isso? O gato está fora do saco, meus amigos, e não tem como enfiá-lo de volta. Mas quem sabe eu pudesse, pelo menos, salvar do destino alguns desses "anjinhos", almas inocentes despachadas para o outro mundo sem dó nem piedade, e sem direito de escolha. Que vergonha. Que horror.

Li no jornal que os casos de microcefalia, uma condição congênita rara, agora associada à zika, subiram 49% só esta semana. Mas há uma chance de que não seja a doença, mas sim sua comunicação às autoridades competentes que tenha aumentado. Antes de sua associação com a zika, as mães em geral não se viam como infectadas, mas sim como azaradas. Além disso, os casos de bebês com microcefalia precisam ser associados a uma contaminação ocorrida no ventre materno um bom tempo atrás, seis meses antes do parto. Isso, para nem mencionar que em muitos casos a zika é tão branda que pode passar despercebida, devido à ausência de sintomas. Sim, a coisa é confusa. Mais ainda para as pobres mulheres do sertão nordestino, muito mal informadas, coitadas.

Apelemos agora para um pouco de ciência, se não por outro motivo, pelo menos para que eu me proteja da minha própria verve especulativa. Uma amiga brasileira, médica experiente que mora no estrangeiro, descreve como obrigatório o que ela chama de "ciclo de Pasteur": para se ter certeza de que duas doenças estão relacionadas — como, por exemplo, zika e microcefalia — é necessária a seguinte sequência:

1. Coletar o suposto agente causal, nesse caso o vírus da zika, de uma criança com microcefalia;

2. Cultivar o vírus em um laboratório; e

3. Inocular o vírus cultivado em um animal, nesse caso, um embrião animal, provocando a doença, ou seja, microcefalia.

Alguém fez isso? Duvido. A doutora me contou ainda que há alguns anos uma condição grave foi associada à doença de Chagas. Como agora com a zika, o Trypanosoma foi encontrado em todas as pessoas com bócio, mas tudo não passou de coincidência... A região mais afetada pela doença de Chagas tinha também uma grave ausência de iodo, que era a causa real do bócio... Entenderam?

Mais estranha ainda é a completa ausência de casos de microcefalia em outras regiões do mundo altamente afetadas pela zika, como a Polinésia, por exemplo. Uma pesquisa bem superficial pode esclarecer que, apesar de que só agora se estar dando atenção ao fato, o vírus da zika foi descoberto em Uganda em 1948, levando à conclusão de que *deve* haver nesse caso um terceiro agente, ainda não identificado. Caso contrário, os pobres ugandenses teriam atualmente inúmeros adultos microcefálicos circulando pelo país. A não ser, é claro, que estejam todos mortos, para sempre não registrados.

A zika é uma doença grave, demandando todos os esforços no sentido de encontrar uma vacina o mais rápido possível. No entanto, no atual estado de decadência e descrédito generalizado em que o Brasil se encontra, esses alertas e as últimas notícias envolvendo a zika e a microcefalia deveriam ser tratados com um mínimo de incredulidade. Pelo menos até que o caso seja melhor investigado, de preferência antes que o pânico global chegue às raias da loucura, o que já ocorreu. Pleito indeferido.

Numa nota final, na saudosa Minas da minha infância a palavra "trem" é usada para descrever tudo, qualquer fato ou ato, ou coisa, em especial algo não descrito anteriormente, como esse trem zika aí. E que trem descarrilhado, nossa mãe. A gota d'água para afundar de vez essa terra devastada chamada Brasil.

CARNAVAL ELEITORAL

No Brasil, como todo mundo sabe, o ano só começa depois do carnaval. Ou talvez ainda um pouquinho mais para frente, por que não estender a folga até a segunda seguinte, certo?

Verdade. Brasileiro adora carnaval, o feriado prolongado, o samba na rua, o porre, o sexo proverbialmente liberado. Até quem não gosta na verdade curte, graças à chance de escapar por uma semana inteirinha de tudo o que você mais detesta, sem ligar para as consequências.

Então, terça passada, enquanto assistia aos discursos de vitória nas primárias de New Hampshire — vamos combinar, até os derrotados fizeram seus "discursos de vitória" — me bateu um *insight*: americanos adoram tanto as eleições quanto os brasileiros adoram carnaval. Tive que comparar a ruidosa aglomeração em New Hampshire àquela outra ruidosa multidão, a mais de oito mil quilômetros de distância.

Com raras exceções, como o incrível carnaval que passei certa vez em Salvador, Bahia, cheio de paixão e alegria — para não deixar de lado o aspecto picante, devo confessar que incluiu até mesmo aquele gozo altamente desaconselhável este ano pelas autoridades, por conta da ameaça da zika — carnaval não faz o meu gênero, nunca fez. Ainda mais agora, quando algo profundo está mudando dentro de mim.

Nunca fiz o tipo de me deixar levar pelo orgulho nacional, tampouco. E nem deveria mencionar, tudo bem, mas isso talvez seja devido ao fato de ter vivido tanto tempo num país onde há muito pouco do que se orgulhar, e cada vez menos. Melhor deixar pra lá.

Tanto é que me vi surpresa demais da conta no domingo à noite, quando, só pra curtir o show do intervalo — ok, não gosto de esportes tampouco, foi mal, me desculpem por ser tão enjoada —, eu assistia à Super Bowl na TV, ao mesmo tempo em que, na pátria distante, as melhores escolas de samba disputavam seu troféu usual.

Era a Super Bowl número 50, um marco. E embora como estrangeira eu não entenda nada de futebol americano, pude entender muito bem a emoção que pairava sobre o estádio lotado, as performances perfeitamente coreografadas, culminando numa Lady Gaga muito-mais-careta-do-que-o-normal, vestindo um terninho vermelho, cantando o hino nacional — o orgulho, a esmagadora devoção expressada por mãos sobre o peito e olhos marejados. Incluindo os meus, isso mesmo. Quando dei por mim, estava em pé num canto da sala muito emocionada, lágrimas represadas por uma terra (e um jogo) a que não pertenço de jeito nenhum.

Que diabo estava rolando? Coisa mais esquisita!

Francamente, eu nunca tinha experimentado essa sensação fortemente "patriótica", nem nada parecido. Como escritora criada no Brasil, acabei desenvolvendo um estilo meio "defensivo", tá certo, raramente compreendido no exterior — sempre irônico, buscando o trocadilho e o

lado mais detestável de tudo o que acontece, provavelmente para evitar a possível, provável decepção — quem sabe
um tipo de superstição para evitar o fracasso, sei lá, não
que eu acredite nessas bobagens, longe de mim. O que sei
é que meus colegas aí no Brasil também cultivam esse jeito
depreciativo, uma certeza interna de que, apesar de muito
cool, nosso país é muito condenado também: tudo que puder dar errado, certamente dará, e se em algum momento
estivemos numa boa isso jamais poderia durar, iria piorar
com certeza num futuro próximo.

E assim foi, *voilà*, desta vez bem pior do que nunca antes na história desta minha vida, e tive sorte bastante
para ter dado o fora a tempo de me salvar.

Nada é tão simples, claro. Quem vive no exílio sabe
muito bem que saudade faz parte do jogo, e o fato de se
viver longe não nos protege da vergonha que a gente sente
de tantos desastres ao mesmo tempo. Ainda que, em algum
momento, uma mudança psicológica comece a operar.

Sempre me vi como um animal político, e para um
escritor, especialmente para um escritor brasileiro, é muito mais inspirador estar na oposição — no lado da reclamação, se é que vocês me entendem. Para nem mencionar
que esse tal lado reclamador tem crescido além da conta,
abrangendo uma boa parcela da população em geral — as
redes sociais sendo o terreno ideal para todo tipo de protesto ou queixa. Agora, em se tratando de um animal político como eu, para quem a política é muito mais contagian-
te do que qualquer samba, a temporada eleitoral americana
é um verdadeiro festival.

E cá estou, curtindo adoidado os discursos vazios,
os comícios apaixonados, a multidão mutante, mesmo não
sentindo de verdade o que eles sentem, não sabendo o que
eles sabem, não votando como eles votam. Me sinto *infec-*

tada a ponto de me convencer que tantas horas em frente da TV, ouvindo as intermináveis discussões e mutáveis opiniões dos chamados "especialistas" no assunto, vão me ajudar a melhorar o meu inglês de uma vez por todas. Pelo menos, pareço ter aprendido o suficiente para escutar os erros que essa gente comete no ar e dar umas boas gargalhadas por conta disso:

— Alan, como é que essa gente *iluminada* comete tantos erros em inglês? Que língua difícil, pelo amor de Deus! Nem mesmo os especialistas sabem falar corretamente!

Se servir de consolo, uma boa risada. E isso também passará.

Diferente dos brasileiros bem-informados, que cultivam diariamente seu desprezo nacional — justificado, até —, os americanos em geral são bem enfáticos quando se trata de amor pelo seu país. E cá entre nós, isso é muito bom. E muito único também, sob o ponto de vista de uma estrangeira como eu.

No final das contas, pode até ser que estou realmente mudando. E pensem bem: estou morando num lugar onde o jogo democrático leva um jeito de carnaval local, um espetáculo dos mais apreciados; e dura muito mais do que um fim de semana prolongado, quase um ano inteiro, de três em três anos. Mesmo se o trabalho não para, e os feriados são raros, é na verdade muito divertido. Apesar das gravíssimas consequências.

Diversidade americana

Eu estava subindo a escada quando a vi parada na porta, sempre gentil, delicada, com uma aparência fantástica.

— Vindo da academia? — ela me perguntou.

O tênis e o *legging* suado, mais o cabelo grisalho despenteado, preso atrás com um clipe preto de plástico, deixavam isso bem claro, felizmente.

— É. Por quê? Você está querendo malhar? — respondi.

Ela é nova no prédio, então achei que ela não sabia onde era e encarnei imediatamente minha personalidade de "balcão de informações". Mas ela não parecia em dúvida de jeito nenhum, e me respondeu num inglês perfeito, perfeito pelo menos para os meus ouvidos de estrangeira:

— Não. Estou indo checar o correio.

Minha nova vizinha é chinesa. Pelo menos parece chinesa, e sua conversa no iPhone no outro dia soava chinesa também.

Nosso relacionamento não começou nada bem, devo confessar. O designer de Boston que morou aqui do lado por uns dois meses, um verdadeiro *gentleman*, tinha ido embora há algumas semanas. Por coincidência, quando o conheci também estava descabelada, voltando da corrida diária — não vão vocês aí concluindo que tudo que eu faço nesta vida é correr, ou que estou sempre despenteada, embora esta última parte não esteja muito longe da verdade. Embora tivéssemos trocado apenas algumas palavras em uma ou duas ocasiões, o alto e charmoso cavalheiro não deixou o apartamento sem um gesto atencioso, batendo na porta para se despedir — como eu disse, super educado, e para efeito desta crônica devo acrescentar que ele era negro, bonitão e altamente sofisticado. Não sei se vocês se lembram, mas já escrevi sobre ele antes, quando contei que nunca tinha visto qualquer vestígio de racismo neste país, pelo menos não perto de mim, graças a Deus.

De volta aos chineses. Eu não tinha a menor ideia de quem estava morando ao lado no lugar do designer, mas a coisa não parecia nada boa. O primeiro problema era que o novo vizinho(a) deixava uns sacos brancos de lixo malcheirosos empilhados todas as manhãs, antes de ele ou ela (lembrem-se, nessa altura eu não sabia quem era, nem se era homem ou mulher) sair para o trabalho, e o lixo ficava lá, apodrecendo o dia todo, até que o meu amigo lixeiro viesse apanhá-lo às 8 da noite. Quando eu vinha da academia (de novo!), dava pra ver a lixeira de luxo da "Valet Lixo" limpinha, fechadinha, arrumadinha, intocada na varanda do apartamento.

Reclamei com a administração. Para dar peso ao meu argumento, fotografei o saco branco nojento num de seus piores dias, transbordando de lixo orgânico, lá parado, encostado na parede, junto da porta do apartamento vizinho, e mandei a imagem por email para a administradora junto com uma nota mal-humorada. Sinceramente, senti que tinha direito aos dois, nota e bilhete. Afinal de contas, embora tivéssemos nos mudado para cá com a firme intenção de ficar menos de seis meses, enquanto nossa casa estava sendo construída, isso já faz um ano e meio. Somos, portanto, os veteranos do pedaço, o casal que mora aqui há mais tempo, ou pelo menos assim parece, com base na alta rotatividade desses apartamentos. Fui mais longe ainda no meu email desagradável, e reclamei da lâmpada por cima da porta que estava queimada há um bom tempo, eu nem sabia quanto, resultando num breu total quando a gente chegava tarde da noite: "Nunca nem percebi que a lâmpada estava queimada... o outro vizinho sempre deixava a luz dele acesa, o que não é o caso com esse novo, que já não é tão generoso", escrevi.

No dia seguinte, a lixeira da "Valet" apareceu fora do apartamento, o saco de lixo branco acondicionado dentro dela direitinho. Embora eu não tenha conseguido ensinar ao vizinho(a) que o lixo só deveria ser posto para fora entre 6 e 8 da noite, quando o lixeiro de luxo passa para apanhá--lo, fiquei satisfeita. Por assim dizer.

Não me levem a mal. Tive um bocado de dificuldade com essas regras de recolhimento de lixo quando a gente se mudou, especialmente se levarmos em conta que sou bastante "*yeke*" — um termo em iídiche meio depreciativo, que descreve judeus-alemães muito caretas, daqueles que exigem que tudo seja feito bem certinho, exatamente de acordo com o figurino (em geral as pessoas não se autodes-crevem desse jeito mordaz, deixam aos outros a tarefa de fazê-lo). Dava para entender por que eu estava sendo tão exigente com o novo vizinho.

A verdade é que nunca fui muito boa no quesito "vi-zinhos". Sou meio "isolacionista" por natureza, não muito amigável por princípio — faço o tipo meio solitária, se é que vocês me entendem. Um dos nossos vizinhos no Vale já tinha me aconselhado quanto à maneira mais fácil de se sentir em casa nos EUA: aderir rapidinho ao máximo possível de grupos comunitários, especialmente os dedicados às "pessoas da minha idade". O horror!

Mas, apesar das minhas melhores intenções, nunca consegui me sentir à vontade com os nossos vizinhos *de verdade*, no nosso condomínio *de verdade*, aquele onde estamos realmente planejando investir, no alto de Paris Mountain. Meus primeiros encontros com eles foram bem frios e distantes, para dizer o mínimo. Incluindo a ameaça de processo por conta das nossas "ambições de afastamento" (me refiro à distância entre a casa e o alinhamento da rua).

Apenas recentemente, agora que o nosso lote foi finalmente liberado da floresta que o cobria — *sorry*, ambientalistas — e está pronto para construir, comecei a me sentir mais bem acolhida. Toda vez que vamos lá para meditar sobre a nossa futura casa, um vizinho simpático passa na rua para nos dizer que estão todos muito felizes com a nossa chegada. E nós também: aqui se faz, aqui se paga.

De volta à realidade, isto é, ao nosso apartamento de 60 metros quadrados. Era sexta à tardinha, eu vinha do supermercado carregando um monte de sacolas. Por falar nisso, melhor esclarecer de uma vez que não tem coleta de lixo no prédio nas noites de sexta e sábado. E antes de descobrir onde ficava o contêiner de lixo do condomínio, coisa que eu nem sabia que existia, eu tinha que lidar com o mau cheiro dentro de casa nos fins de semana, um verdadeiro transtorno. Mas agora, como me tornei especialista no assunto, toda sexta à noite, depois de guardar as compras, ando até lá para jogar o lixo, já virou rotina.

Então nesta sexta, quando saí do nosso apartamento com meu humilde saco preto de lixo, deu para sentir os eflúvios malcheirosos saindo da lixeira transbordando de cheia na porta do vizinho. Não hesitei um minuto antes de pegar o saco, e deixei um bilhete colado na porta:

Oi,

Seu saco de lixo estava cheio, e por falar nisso, cheirando bastante. Então levei até o contêiner pra você junto com o meu. Estava bem pesado!

Talvez você não saiba que não tem coleta de lixo aqui no prédio às sextas e sábados. Então, ou vc deixa o lixo dentro de casa, ou joga fora vc mesmo.

Aproveito para informar que o contêiner mais próximo fica perto das caixas de correio, do lado esquerdo de quem sai do prédio.

Abs,
Sua vizinha

Não deu cinco minutos, ouvi uma batida de leve na porta. Abri ainda com a roupa de ginástica e... descabelada, para variar, já que eu tinha ido direto da academia para o supermercado e não tinha tido tempo de trocar de roupa. E vi um chinês bem jovem, vestindo uma camisa polo azul-escura com um logotipo de empresa, simpático, sorrindo, com a minha nota na mão:

— Tomara que você não esteja chateado porque eu levei seu lixo — já fui me desculpando.

— Imagina, eu é que tenho que pedir desculpas... Não entendo por que eles não pegaram o lixo ontem à noite...

— Ah, pois é... deve ter sido porque o lixeiro é muito sensível — informei. — Geralmente ele não toca no lixo se a lixeira estiver transbordando — completei, como a top especialista em lixo em que me transformei.

Dava pra ver a esposa dele com metade do corpo para fora da porta, uma mulher chiquérrima que eu nunca tinha visto antes, só ouvido, falando chinês no celular. Estava sem sapatos (como é costume na China dentro de casa), então dava pra ver que era bem baixinha. Mas era realmente linda, muito bem vestida — toda de preto, meias de renda e tudo — me deixando sem jeito por conta da minha falta de elegância no dia a dia.

Então os novos vizinhos eram um jovem casal chinês, cujo inglês, aliás, era muito melhor que o meu. Fiquei imediatamente com a maior boa vontade, entendi na hora que talvez no país deles não tivesse esse negócio de "Valet Lixo", nem nada parecido. Os dois trabalham fora o dia todo, dirigem dois carros americanos enormes e geralmente viajam no fim de semana. Pois é, comecei a prestar atenção.

Mas o que eu quero mesmo é comentar com vocês como é superbacana essa diversidade americana, como é inspirador que pessoas das mais diferentes origens sejam capazes de viver juntas, curtindo as qualidades civilizadas de uma nação de primeiro mundo. No caso de estrangeiros, desde que os imigrantes sejam legais, residentes permanentes ou visitantes com licença de trabalho, claro.

E por que não seria assim? Afinal de contas, investi um bocado para obter a minha própria residência, e estou a caminho da cidadania, o que, finalmente, vai me permitir votar e influenciar a qualidade de vida aqui neste país. Que é bem diferente do Brasil, por sinal: acho legal de verdade ver que se trata de um país cumpridor da lei, onde as regras têm valor e devem ser respeitadas. E espero que continue desse jeito por um bom tempo.

PELA REVOLUÇÃO DA MAIORIA, OPS, DELETANDO

— **E**aí, Alan, me diga, você acha que esses caras eram mesmo do bem?

Tínhamos acabado de assistir a "Trumbo - Lista Negra", o drama histórico sobre os escritores de Hollywood e o macarthismo.

— Quem? — Alan devolveu a pergunta.

— Dalton Trumbo e sua turma.

Como todo mundo sabe — bem, talvez não — durante a guerra fria, na década de 1950, os melhores roteiristas hollywoodianos foram incluídos numa lista negra, acusados de serem comunistas.

E eram mesmo. Comunistas, digo.

Ser marxista naquela época era quase obrigatório para um artista, intelectual, pessoa com valores elevados e um aguçado senso de justiça. Era também crime de traição nos Estados Unidos, uma "ameaça" para a segurança nacional.

Durante esses "bons tempos", o mundo era preto no branco, praticamente. Não havia espaço para dúvida ou debate: embora fossem perseguidos, acusados de envolvimento criminoso com uma ideologia proibida, era perfeitamente claro para todo mundo com um razoável QI e nível de erudição quem era o mocinho, relegando ao governo o papel de manter as pessoas afastadas do que havia de melhor na criação artística, uma espécie de "lei seca de ideias". Para o "bem de todos", para nossa própria "proteção". Fascistas.

Hoje, na minha opinião, não temos tanta sorte. Para cada questão há uma miríade de interpretações, para cada ideia há mil *memes* propagados sem hesitação. Além disso, nos sentimos enganados com frequência (eu, pelo menos, me sinto), levados a acreditar que tudo é o oposto do que aparenta ser.

Considerem, por exemplo, os liberais, geralmente associados ao Partido Democrata americano e aos mais elevados ideais tradicionais, tais como liberdade, igualdade para todos, saúde, ajuda para os mais pobres etc. O discurso não mudou nada, desta vez mais deslocado para a esquerda — a esquerda radical representada por Bernie Sanders, cujas ideias, vamos combinar, teriam sido mais do que suficientes para justificar uma existência camuflada na década de 1950. Não é de admirar que, aos 74 anos de idade, com suas auspiciosas promessas de tudo grátis, incluindo universidades e planos de saúde, o candidato esteja contagiando os jovens, levados a embarcar numa onda de idealismo sem precedentes nos últimos anos. Tudo multiplicado por mil nas redes sociais, 24 horas por dia, sete dias por semana.

O mundo mudou ou mudamos nós? Sim, a gente também era assim, e não faz tanto tempo assim. Gente do tempo de Bernie, digo, como Alan e eu. Bem, mais ou menos, já que sou na verdade 10 anos mais nova. Em todo caso, já vivemos um bocado, alguma coisa devemos ter aprendido, não é mesmo?

A questão é que a agenda liberal, querendo garantir o mesmo tratamento para todos os cidadãos, trancou a chamada "maioria" no quarto dos fundos, colocando sob eterna vigilância a incensada "liberdade de expressão". Em vez de eliminar a ideia do preconceito, preferiu banir as palavras que o descrevem — uma espécie de "lei seca do vocabulário". Como, por exemplo, usando o estilo americano, a palavra "N", a palavra "G", a palavra "F" — que, por falar nisso, ninguém com uma educação razoável se atreveria a dizer em público há coisa de poucos anos. O resultado, na minha opinião, é que está todo mundo confuso, intoxicado com tanta informação, sem saber o que se pode ou não se pode dizer. Ou pensar. Ou fazer.

E agora? Quem são os fascistas?

Anda em falta, hoje em dia, uma certa noção de perspectiva histórica. Esta semana, por exemplo, o pobre coitado do John Kasich de Ohio foi massacrado, por ter dito numa entrevista que há muito tempo, em sua campanha para deputado estadual, "as mulheres tinham saído da cozinha para apoiá-lo". Imaginem quem caiu na pele dele imediatamente? Hillary, é claro! A fã número um de qualquer causa que possa impulsionar sua campanha, não importa o que contém ou vindo de quem. Mas, gente, Kasich estava se referindo a algo ocorrido em 1978! Pô, dá um tempo. Bem que eu tentei descobrir que percentagem de mulheres trabalhava fora naquela época, mas não consegui. Eram donas de casa na maioria, e não tinham vergonha disso. Era assim e pronto.

Não me levem a mal. Do lado pessoal, tudo que eu sempre quis foi ter uma profissão, cair no mundo como todo mundo. Mesmo assim, fui criada para casar e ter filhos, nada mais. A ideia de trabalhar fora e cuidar da casa ao mesmo tempo, coisa normal hoje em dia, era desconhecida na época, e cresci enfrentando esse tipo de conflito.

Deve ser por isso que me sinto tão desligada das pessoas na faixa dos 40 com as quais trabalho no momento, nascidas em meados da década de 1970, por exemplo, já depois da completa mudança de expectativas sociais ocorrida nas duas décadas anteriores, coisa que gente da minha idade encarou de frente durante toda a infância e adolescência. Mais ou menos como está rolando agora, para quem já nasceu no século 21.

Por outro lado, me sinto pressionada, sufocada pelo corretismo político de hoje em dia, pela necessidade de respeitar um tipo de diversidade que a gente desconhecia enquanto crescia num mundo que era, como eu já disse, preto no branco. Com apenas um tipo de telefone e apenas um aparelho em casa — com sorte, com um fio enrolado comprido o bastante para a gente levá-lo até o quarto e ter um pouco de privacidade, até que a mãe mandasse "desligar logo esse telefone" (telefone "fixo", bem entendido).

Imagino que haja um monte de gente como eu no meio da maioria silenciosa que empunha cartazes nos comícios do "fenômeno Trump", com cabelo e tudo (o cabelo anda meio deixado de lado). Pode até ser que o candidato tenha alguma resposta, uma solução para a nossa ansiedade, para nossas indefinidas sensações, quando vemos um abismo crescente entre o que se diz e o que se faz, e o que se consegue obter na vida real. Mas vou ter que confessar, fiquei bastante preocupada com o tom entusiasmado da multidão durante o discurso de Trump em Atlanta, com o estilo bombástico do candidato e sua impressionante habilidade para manipular o povão:

— Vamos ganhar! Vamos ganhar tanto que vocês vão me implorar, "por favor, Mr. Trump, pode parar, estamos cansados de ganhar tanto!"

Então, eis-me aqui, ainda sem nenhum candidato,

temendo e, ao mesmo tempo, torcendo escondido por Donald Trump — um pouquinho só, e me sentindo obrigada a me desculpar por isso. Estou pagando pra ver se sua franqueza e transparência, juntamente com o entusiasmo de seus seguidores, conseguem causar uma mudança efetiva, a mudança na qual apostamos em 2008 e que deixou a desejar. E não estou falando em mudança no estilo da Casa Branca, mas em nossas vidas diárias, altamente vigiadas e socialmente censuradas. O que, aliás, é exatamente o oposto de tudo que a gente sonhou na nossa revolução radical na década de 1960.

Mudança para melhor, espero. Melhor para todo mundo.

Ah, tudo bem. Pelo menos ainda não enlouqueci a ponto de afirmar que "a campanha de Trump vai acabar quando ele for assassinado", como tuitou no outro dia um colunista do *New York Times*. Em seguida, o sujeito "caiu em si" e se desculpou, deletando seu comentário depois que já tinha se espalhado. Então tá. Tudo resolvido. Certo?

Vocês aí podem me perguntar por que não apoio o Bernie Sanders. Bem, sou velha o suficiente para saber o que está por trás desse tipo de sinceridade, com pouca ou nenhuma possibilidade de se tornar realidade: um tremendo vazio, acachapante, frustrante e frio. Não funcionou no passado, e duvido que funcione agora. Para nem mencionar que Bernie esconde de onde veio, não exatamente uma prova de bom caráter, é o que eu penso. "Descendente de poloneses"? Então tá. Vou fingir que acredito.

É evidente que esse tipo de reflexão só teria validade num mundo que não tivesse pirado completamente. Principalmente se levarmos em conta como é fácil hoje em dia dar o seu palpite, expressar uma opinião. E em seguida mudar, se arrepender e deletar. E pronto. Acabou-se.

A ÚLTIMA FATURA

Há uns dois anos, quando Alan e eu começamos a "sonhar" — digo, planejar — nosso próximo passo no xadrez da vida, me deparei com uma forma milagrosa de garantir uma boa aposentadoria, algo que aqui nos "Estates" é definido como "hipoteca reversa".

Aí, quando já estávamos do lado de cá, chegou finalmente a hora de começarmos a construção da necessária casa, sem a qual nenhuma hipoteca seria possível. E então decidi que também era a hora de fazer uma visita ao banco e explorar nossas opções.

Bem, preciso esclarecer que já não ando tão animada com a tal hipoteca reversa, e não é só por causa de dinheiro. O que ocorre é que o meu antigo, aparentemente inesgotável entusiasmo foi realimentado recentemente por nossa nova editora nos Estados Unidos, e também por algumas valiosas parcerias e conexões estrangeiras que devem nos permitir — me permitir — seguir em frente, e publicar, espero que com algum sucesso, títulos traduzidos cada vez melhores. Cá entre nós, já estou me conformando com a ideia de que tão cedo essa tal aposentadoria não há de sair.

Com tudo isso, ainda havia assunto para uma ida ao

banco, então nos vestimos de acordo e lá fomos nós, com o nosso projeto debaixo do braço:

— Não é que a gente precise de dinheiro agora, mas, bem, eu queria saber quais são as nossas chances.

— Não acho boa ideia vocês pedirem um empréstimo neste momento — disse o gerente. — Vai sair caro, e vocês nem estão precisando. Se em algum momento no futuro o dinheiro faltar, a gente vai dar um jeito de ajudar. Vamos avaliar a obra e arranjar um empréstimo que só cobre os juros durante 12 meses.

Para mim estava de bom tamanho. Fiquei tranquila. Claro que, se estivéssemos no Brasil... daqui a uns quatro ou cinco meses, quando supostamente precisaríamos de apoio, o gerente do banco provavelmente não estaria mais lá, graças à política local de "girar os gerentes", para evitar qualquer proximidade possível com os clientes. As taxas de juros teriam dobrado, ou triplicado, ou pior ainda: os empréstimos disponíveis teriam simplesmente desaparecido da carteira do banco.

Devo confessar que, para fins da minha própria sobrevivência, estou tentando cortar meus laços com o Brasil neste momento — não os emocionais, coisa que não acontecerá jamais, e nem quero que aconteça, mas os de negócios e os que envolvem dinheiro... e expectativas. Francamente, não dá mais para viver constantemente com uma ameaça dessas pairando sobre a cabeça, como ocorreu durante a maior parte da minha vida produtiva. Estou até disposta a abrir mão da minha significativa aposentadoria, que na melhor das hipóteses equivaleria a, hum, digamos, em torno de uns 200 dólares por mês. E ainda nem estou qualificada, teria que trabalhar e recolher o imposto por outros cinco anos, pelo menos. Nem pensar!

Agora, enquanto eu estava cá comigo entretendo

tais pensamentos de rompimento, meu contador me escreveu dizendo que iria abrir mão da nossa conta, já que devido à (eterna) crise brasileira ele iria parar de atender a pequenas empresas como a nossa, preferindo se limitar a apenas um grande cliente. Em resumo, estava arrumando um emprego, o que sem dúvida era seu direito. Mas tampouco restava nenhuma dúvida de que essa decisão estava me deixando sem pai nem mãe. O que mais eu poderia fazer, a uma distância de 8 mil quilômetros e um monte de novas regras financeiras?

Eu já andava pensando em comunicar minha saída definitiva do país, não que eu tivesse alguma escolha. Depois de 12 meses no exterior, tal comunicação é obrigatória por lei, mas eu estava hesitando, já que isso resultaria em sérias mudanças no regime de tributação da empresa — ser "simples", por exemplo, não é permitido para quem mora no exterior —, para nem mencionar que a multa é uma mixaria. Portanto, o aviso do contador não me pegou desprevenida; pelo contrário, me levou a tocar em frente. Não faz meu gênero adiar as coisas, muito antes pelo contrário. Então, já no dia seguinte, fui ao site da Receita e comecei a preencher o formulário.

Não faço ideia de como isso acontece, mas como todo mundo sabe, nosso estado emocional tem tudo a ver com problemas no computador. Acabei acessando a página do ano errado, e precisei repetir o processo umas duas ou três vezes. Depois que terminei, acabei num quase inexplicável estado de depressão, de triste prostração, sem muita capacidade de reação.

Amigos, passei a semana deprimida. Mas mesmo assim tive que prosseguir, e me impus um prazo para as necessárias mudanças, me comprometendo comigo mesma a não mais emitir nem receber nenhuma nota fiscal para a KBR a partir de 1º de março. E não foi só isso: me apressei a comunicar aos nossos autores — mantendo até o fim a nossa alegada transparência, custasse o que custasse — que a editora estava prestes a ser encampada por sua irmã mais nova, a muito mais estável KBR americana. E apesar de seguir chorando todo santo dia, dei um jeito de manter tudo funcionando enquanto negociava novos acordos de distribuição internacional, tudo convertido para o muito mais estável dólar americano — o real brasileiro se tornando cada vez menos real, pelo menos para mim. Fazer o quê.

O dia tão aguardado e muito temido não custou a chegar. Estava na hora de emitir aquela última nota, e eu estava exausta — emocionalmente exausta, pelo menos. E aqui é preciso um parêntese para os meus novos leitores internacionais.

Uma nota fiscal no Brasil não é nada daquilo a que os americanos estão acostumados. Como assim, um simples documento do Word com o nome da empresa e um número inventado? Não no nosso excessivamente controlado, economicamente caótico país latino-americano, não, nada disso. Como se pode ver pelo estado lastimável da nossa corrupção governamental, há um esforço gigantesco no sentido de garantir que tudo e todos fiquem sob a mira de todas essas regras que nos são impostas, e o processo de emissão de notas não é nenhuma exceção.

E não vão vocês se apressando a concluir que uma vez estabelecidas, tais regras estejam convenientemente definidas e a gente pode relaxar. Nada disso. O governo faz absoluta questão não só de alterá-las o tempo todo, mas também de acrescentar outras, de modo que a vida do empresário brasileiro é praticamente impossível sem a valorosa ajuda de um contador especializado e altamente competente.

Agora imaginem vocês esta empresária aqui, vivendo em outro país, não exatamente a par das mais recentes alterações em curso no Brasil — convenhamos, a evolução dos fatos na pátria amada anda esmagadora, difícil de acompanhar onde quer que a gente esteja —, ainda por cima para alguém que acabou de ser abandonada por seu contador. Fim do parêntese.

Então, no dia marcado, acordei cedo, respirei fundo, peguei o envelope de plástico cor de laranja onde guardo todos os cartões magnéticos, tokens e outras tralhas de segurança brasileiras e me preparei para o grande evento. Preenchi o cadastro do novo cliente no sistema emissor de notas, *et voilà*, por algum motivo do qual eu não estava ciente, não consegui registrar o nome da cidade de jeito nenhum, o "sistema" insistia na mensagem de erro. Resolvi ligar para o SAC, que, milagrosamente, é bastante eficiente, mesmo a 8 mil quilômetros de distância, não que eu fosse dizer de onde estava ligando, não é mesmo?

Pois depois de algumas idas e vindas, tudo foi finalmente resolvido. A nota foi emitida e a última entrega estava a caminho de seu destino; a KBR Brasil estava prestes a deixar de existir, após sete anos de pioneirismo e uma luta que nunca foi pequena. É isso mesmo: para quem não se lembra, esta humilde cronista foi a primeira editora no Brasil a publicar um e-book em português. E agora eu estava livre, depois de uma longa carreira de ser a primeira isso e a primeira aquilo no Brasil, após ser forçada a reagir contra todas as impossibilidades que algum dia me passaram pela cabeça e que precisei superar, não importa em que campo de atuação. Fui designer de móveis, depois designer de joias (Alan com certeza vai reclamar dessa, já que ele não aceita de jeito nenhum que eu tenha sido designer de joias, coisa que ele alega também ter sido um dia), depois diretora de arte, designer gráfica e, finalmente, escritora e editora, quando, pela primeira vez na vida, consegui descrever minha profissão sem nenhuma vergonha ou timidez. E escritora e editora persisto em ser, agora leve e solta, perdida no ar como um balão largado por alguma criança descuidada.

Foi uma sensação terrível, meus amigos, ainda que bastante antecipada. Finalmente eu tinha deixado de ser uma empresária brasileira, profissão que não pretendo praticar novamente. Mas que doeu, doeu. E ainda está doendo. Pela primeira vez na minha problemática existência, estou finalmente disposta a me entregar, a deixar rolar, a "permitir que o universo colabore", como tantos crentes afirmam que acontece, basta a gente permitir. Sinceramente, espero que assim seja.

Quanto aos nossos mais de 200 e poucos autores, um número que segue crescendo, peço a todos que não se sintam abandonados, deixados de repente sem pai nem mãe. Faço aqui a minha última promessa, e juro fazer de um tudo para mantê-la: tenham certeza de que não estou vos deixando, muito pelo contrário, estou levando vocês comigo para um futuro melhor, mais estável. Somos todos escritores do mundo, e de agora em diante, melhor ainda, pagos em dólar quando houver pagamento.

Podem espalhar por aí a boa nova.

Virando a casaca impunemente

Deixa eu esclarecer logo de uma vez: nunca gostei de Hillary Clinton. Ponto final.

Quando, em 2008, dei tudo de mim para ajudar a eleger Barack Obama para a presidência dos Estados Unidos — tá bem, um monte de palavras vazias e, pior, em português, uma língua que ninguém lê —, eu já tinha mencionado as "lágrimas de crocodilo" às quais Hillary tinha apelado para descrever sua reação teatral à dor das mulheres, ou à dor de uma mulher em particular: ela mesma.

Hoje, quando a vejo virar a casaca a torto e a direito para atender a qualquer inútil expectativa de sua audiência dedicada, nada tenho a acrescentar. Embora pudesse ter, caso escolhesse acreditar no que a mídia da oposição diz sobre ela o tempo todo.

Vocês aí poderiam me perguntar, que negócio é esse de "mídia de oposição"?

Em 2008, tenho que confessar, eu odiava a Fox News com todo o ódio de que era capaz, exatamente como o canal de notícias é hoje odiado pelos chamados "esquerdistas". Quer dizer, Fox News era a mídia de "oposição". Naquela época, não hesitei nem um minuto em enfrentar bravamente o meu marido republicano, já que para mim tudo parecia fazer o maior sentido: era eu contra ele e a favor de metade do mundo.

Ganhamos, eu e o tal meio mundo. Eu não tinha nenhuma dúvida de que estava completamente certa, e meu marido completamente errado. O que, como vocês sabem, é o melhor fundamento para manter qualquer casamento: a mulher estar certa e o marido errado. Isso enfatiza os nossos "direitos femininos", pondo as coisas em seus devidos lugares, isto é, concedendo ao homem da casa suas famosas últimas palavras: "Sim, querida".

Vida que segue. Estamos agora morando nos Estados Unidos, Alan e eu. Onde me sinto cada vez mais deslocada nesta temporada eleitoral.

Deslocada, em primeiro lugar, bem, porque estou mesmo. Pior, me sinto terrivelmente deslocada, porque, desde que coloquei os pés neste maravilhoso país, comecei a ver as coisas de um jeito diferente, a tal ponto que comecei a ter uma certa dificuldade em me reconhecer.

Portanto, já não "voto" a favor dos liberais. Não odeio mais a Fox News. Já não detesto tanto o meu marido republicano, nem estou mais a fim de confrontá-lo — no quesito "política", pelo menos. E acreditem, isso tudo não é só porque agora, mais do que nunca, minha sobrevivência depende da sobrevivência dele.

— Alan, tô super preocupada contigo — eu disse, depois do enésimo ataque de tosse.

— Tá nada. Você está preocupada é com você mesma. O que você faria se eu sumisse de repente?

Ele está certo. Bem, em termos.

Minha dependência dele tem crescido exponencialmente, não só porque agora sou estrangeira em minha própria casa, mas porque, mais e mais, não me vejo neste mundo sem ele. Estou velha demais pra sair por aí procurando um novo amor, ah, melhor esquecer. Vendo pelo lado bom, até se poderia dizer que se trata de fato de um "amor de verdade".

Talvez eu devesse comprar um carro novo, sei lá, que eu pudesse dirigir mais à vontade do que esse velho Mercedes comprado no ano passado, eu disse a mim mesma no meio da noite, com todo o deprimido pessimismo de que uma noite insone é capaz. De qualquer maneira, isso não mudaria o fato de que tenho que abastecer sozinha, coisa que em geral só acontece nos Estados Unidos, caso vocês não saibam. Eu poderia enfiar tudo isso no mesmo saco junto com minhas recentes inseguranças financeiras, mas nada disso explicaria por que mudei tanto minhas posições políticas desde que me vi residindo em solo americano.

E então entra em cena Donald Trump.

Comecei a prestar atenção no sujeito porque o Alan pareceu gostar dele em algum momento. E não, Alan não faz parte da turma dos #presunçososhomensbrancosdemeiaidade com suas perorações raivosas, até porque ele já nem é de meia-idade, é simplesmente... velho mesmo. Eu poderia dizer, "velho e sábio", exatamente o tipo que te convence, num piscar de olhos, de que "está sempre certo", e estaria até sendo justa com ele. Mas quando o candidato "dele" foi violentamente atacado por seu "próprio partido", foi engraçado demais da conta ver Alan começar a virar a casaca de repente.

Agora, cá entre nós, se fosse para virar nesta altura dos acontecimentos, para que casaca a gente se viraria? Ted Cruz?

— Cruz credo — eu diria, em bom mineirês. O que poderia ser traduzido como "Deus nos livre", ou "toc toc toc". E já que tocamos no assunto, de qualquer lado que se olhe, uma carreira na política não é de jeito nenhum um "presente de Deus", não importa o que digam todos esses candidatos humanamente imperfeitos.

Como já disse, apoiei Obama com toda a minha energia no passado, e isso "nos" colocou numa situação na qual "nosso" presidente *parece* excelente, quase um nobre, mas o mundo lá fora ficou bem mais perigoso do que era antes de ele ser eleito. Para nem mencionar "toda essa zona que está aí". Só assuntando. E daí?

Daí que desta vez eu bem que poderia prestar mais atenção — menos intuição e mais razão, ou seria o contrário? Quer dizer, no caso de a razão servir para alguma coisa. Mais terra e menos sonho, se é que me atrevo a sonhar, agora que o meu curto futuro é aqui nos EUA. Pelo menos enquanto tenho marido, contra o qual não estou a fim de me indispor. Mas... e se a mídia "de oposição" estiver certa? E se as teorias mussolínicas e hitlerianas estiverem certas? Honestamente, eu nunca me perdoaria.

Pois é. Ainda ando lendo *o New York Times*, mas se tivesse um mínimo de juízo teria parado esta semana mesmo, depois do agressivo editorial que o jornal publicou contra Donald Trump. Eu estava acordada no meio da noite quando comecei a ler os primeiros comentários, ainda de gente a favor de Trump, ou pelo menos gente que não o pinta mais feio do que o próprio diabo. E aí começaram os inimigos de Trump, que no site do *New York Times* estão em franca maioria.

As pessoas aqui nos Estados Unidos só leem aquilo que combina com suas ideias preconcebidas, como, aliás, em qualquer parte do mundo. Só que aqui nenhum lado me parece ser predominante, pelo menos em se tratando da mídia. Então achei melhor ficar no meu canto, como alguém que vê as coisas de fora, uma simples observadora. Até quando der. Porque com certeza vai chegar a hora em que terei que assumir uma posição, e aí vamos ver como vai ser.

Isso não me impede de questionar por que isso tudo justo agora, quando finalmente consegui me instalar neste sonhado primeiro mundo, neste país bacana... que parece estar indo ladeira abaixo, como todos os outros países neste mundo. A estupidez humana, francamente, jamais cessa de se expandir, agora mais ainda, com o incentivo do acesso ilimitado a formas de espalhar nossos próprios palpites mal informados sobre tudo aquilo que nos interessa, muitas vezes só à gente mesmo.

Tenho saudade do tempo em que a gente podia ler no *New York Times* e em outros jornais artigos sofisticados, maduros, ter uma visão mais intelectual. O veneno da superficialidade se espalhou, minha gente, e os envenenados somos nós mesmos.

Agora, cá pra nós, se Trump for eleito e o mundo se acabar, conforme a previsão dos arautos do apocalipse da esquerda; pior ainda, se Hillary for eleita e o mundo se acabar, conforme a previsão dos arautos do apocalipse da direta... estou com sorte, posso sempre voltar para "casa", não é mesmo? Onde, para meu grande prazer e simultâneo pesar, o mundialmente famoso "herói da esquerda e pai dos pobres" acaba de ser indiciado por seus crimes de corrupção, o que, muito a propósito, não é nada inesperado quando se trata de políticas populistas e esquerdistas. Desta vez, o resultado é um país quebrado, desprovido de toda esperança possível no curto prazo.

Então, digam aí, quem é o verdadeiro diabo? E no que ele realmente acredita?

Só o tempo dirá. Se, é claro, conseguirmos sobreviver ao nosso próprio inferno autocriado.

Ah, melhor deixar pra lá. O bom conselho que dei a mim mesma enquanto estava acordada, na noite passada, bem que estava certo: teria sido bem melhor não ter escrito nada hoje. Ou talvez, por causa da minha depressão sem esperança, eu até tenha levantado alguns pontos dignos de lembrança, merecedores de alguma consideração, no final das contas. O mínimo que uma pessoa pode fazer é escrever o que verdadeiramente se passa em sua mente, antes de se deixar contaminar de uma vez pelo pânico alheio, se é que vocês me entendem.

Quanto a Donald Trump, não nos faria mal nenhum ressaltar que, apesar de o sujeito ter com certeza tocado num nervo exposto do eleitorado, Hitler e Mussolini só poderiam mesmo ter prosperado em seus países arrasados, pobres, famintos e humilhados, o que nem de longe é o caso dos Estados Unidos hoje.

Só para terminar: quando a realidade está em perpétuo movimento, mudando constantemente conforme o vento, a coisa certa a fazer é virar a casaca mesmo. Exatamente como a verdade, que se transforma a cada momento. Pelo menos até o dia da eleição, para a qual ainda falta um bom tempo.

Enquanto isso, sigo me transformando. E você também deveria estar mudando.

Bafafá em Brasília

— Estou adorando esse bafafá todo em Brasília — disse uma amiga no Facebook na terça-feira passada.

Não curti nem um pouco. Ao contrário, entrei em pânico.

Eu já vinha progressivamente cortando meus laços com o Brasil nas últimas semanas, não sem pagar meu preço — emocional, pelo menos. Como já contei, tinha decidido encerrar as operações da KBR no país e transferir as atividades para os EUA. Era meu último mês de uma vida dupla, digo, em dois países ao mesmo tempo. Estava planejando fechar todas as contas no dia 31.

Não sei se vocês se lembram, mas nossa mudança para os Estados Unidos só se tornou possível quando, após um ano de tentativas, conseguimos vender nossa linda casa no Vale do Sossego. Depois foi a vez de lutar para transferir o dinheiro — legalmente, claro, com o câmbio oscilando loucamente numa gangorra, para cima e para baixo — para um banco em Greenville, onde planejávamos construir outra casa. Continuamos planejando.

Muitos anos atrás, um amigo astrólogo me disse que

eu contava com algum tipo de "proteção divina", que me impedia de me machucar, ou de exagerar nos meus negócios aventureiros. Não lembro que sonho eu entretinha naquela época, talvez escrever um livro de receitas ou abrir um restaurante vegetariano, sei lá, por um tempo gostei de me imaginar como uma espécie de "gênio alternativo da cozinha".

Então, basicamente, eu estava a salvo. E, honestamente, não sei o que deu em mim nessa terrível terça-feira.

Talvez, como afirmou uma outra amiga, que também mora aqui há alguns anos, meu medo tenha sido desencadeado por um velho "gene de pânico" herdado de antepassados obrigados a fugir dos *pogroms* da Europa Oriental de uma hora para outra... embora, sinceramente, apesar de meu pai ter vindo recém-nascido da Polônia para o Brasil em 1929, eu não me lembre de nenhuma história do tipo na nossa família. Enfim, como parte do povo judeu, a gente nunca sabe.

Acho que minha memória, na verdade, não vai tão longe em minha própria história. Conscientemente não sei de nada, mas posso muito bem ter guardado algum tipo de lembrança doída do golpe militar de 1964, delicadamente apelidado de "revolução". Eu tinha 12 anos naquela época, e após um curto período de tanques nas ruas, tudo voltou ao normal, ou assim eu acreditava. Só na manhã de terça-feira pude imaginar de verdade o medo que meus pais devem ter sentido, ambos na flor de seus trinta anos com dois filhos para criar.

Minha adolescência se desenrolou durante os "anos de chumbo", mas como cresci com certo grau de conveniente alienação, tive uma vida normal. Eventualmente, a pressão da ditadura diminuiu, e estávamos de volta à democracia. Mesmo tendo que enfrentar as frequentes e radicais crises econômicas que o país atravessou, a vida mudou.

Lembro-me ainda de todas as dificuldades que tive de superar, tentando ser empreendedora e "ligeiramente artística" a vida toda, mas tudo isso já ficou no passado, melhor que continue por lá.

Enfim, quando acordei na manhã de terça com uma terrível dor de cabeça — o segundo ataque de enxaqueca em menos de sete dias — e fui direto para o computador para checar as últimas notícias, dois dias depois da "maior manifestação popular da história contra o governo", minha intermitente sensação de alarme se revelou completamente justificada: depois de ser indiciado por crimes de lavagem de dinheiro, falsidade ideológica e ocultação de patrimônio na recente onda de escândalos de corrupção, o ex-presidente Lula tinha sido convidado para ocupar a Casa Civil pela próxima-da-fila-a-ser-indiciada presidente Dilma, o que oficialmente faria dele uma espécie de primeiro-ministro "não-reconhecido", transformando Dilma oficialmente no fantoche que ela sempre foi desde o início de seu governo, com ênfase para o segundo mandato. Isso iria, em tese, proteger Lula de ir a julgamento — e, talvez, para a cadeia — como um cidadão normal. Um mandado de prisão já estava em andamento, mas isso não era da missa nem a metade: com esse ato altamente irregular, possivelmente ilegal, Lula seria elevado à posição de líder *de fato* do Brasil.

De acordo com a mídia, o homem já tinha posto na mesa as suas exigências: o Brasil deveria voltar-se integralmente para as velhas e populistas políticas econômicas e protecionistas, isso mesmo, aquelas mesmas que puseram em marcha a destruição do país; o governo deveria aumentar seus gastos e começar imediatamente a "estimular" a economia, a fim de recuperar seu declinante prestígio junto aos pobres. Ninguém parecia se importar com o fato de que o país estava totalmente quebrado, com a maior taxa de desemprego em muitos anos, a inflação em ascensão, empresas falindo e lojas fechando. Além disso, não estavam dando a mínima para a vontade do povo, claramente expressa na enorme multidão que tinha protestado contra este governo em todo o país. Há apenas dois dias.

A "ditadura do PT" tinha sido instituída oficialmente. Estávamos perdidos.

Minha última obrigação no Brasil era a declaração de saída do imposto de renda, em seguida à comunicação oficial da saída do país. Eu tinha até pensado em pedir ao meu contador para fazer, como sempre, e havia tempo suficiente, já que faltava mais de um mês para o prazo se esgotar. Mas tendo em vista as últimas notícias, decidi fazer sozinha mesmo. Imediatamente.

Alan já estava meio preocupado com as novas leis de "repatriação de bens". Garanti que não havia motivo para isso, mas a verdade é que, no Brasil, a gente nunca sabe.

Primeiro tentei baixar o software da receita no meu computador novo, mas por algum motivo não consegui. Era preciso instalar o Java, mas ao que parece esse computador de última geração já não aceitava o "script". Peguei meu Dell antigo, já fora de uso há um bom tempo, mas estava tão ansiosa que dei um jeito de provocar a tela azul da morte. Desta vez, para sempre. Não consegui reiniciar o computador. Aí tentei o computador do Alan, um pouco menos moderno que o meu, e felizmente esse funcionou.

Depois de meia hora de extrema tensão, completei o formulário e enviei a declaração online (cá entre nós, o sistema de declaração de impostos no Brasil é bom à beça, de dar inveja aos americanos, que lutam com o enrolado sistema deles, mais ou menos na mesma época do ano). Salvei e depois imprimi o recibo e pronto. Estava feito.

Enfrentei toda essa "pequena" crise pessoal sem nenhum apoio moral. Alan tinha ido ao dentista e eu estava sozinha em casa. Quando acabei, respirei fundo, calcei o tênis e fui correr na academia do condomínio, de frente para a piscina e para as árvores recém floridas, anunciando a primavera incipiente. Eu estava longe, correndo o risco de uma inevitável saudade ocasional. Mas estava sã e salva.

Enquanto terminava de escrever a crônica, a confirmação de Lula como ministro da Casa Civil estava em compasso de espera por conta de outro escândalo, dessa vez se referindo a Aloísio Mercadante. Lula, o chefe indiscutível da quadrilha, o mentor "intelectual" da morte do Brasil, não queria compartilhar as manchetes com criminosos menores, sabem como é. Hoje, quando a publico, a mesma nomeação está sendo submetida a um vaivém na Justiça. O povo protesta, mas Lula e Dilma não estão nem aí, um descaso agora comprovado pela linguagem rude e pensamentos ainda mais rudes exibidos pelas gravações de conversas ao telefone, divulgadas, em meio à crise por eles mesmos provocada, pelo dublê de juiz e salvador da pátria Sérgio Moro, exaltado do nosso lado e execrado do lado oposto como seria de esperar.

Não faz mal. O que resta de tudo isso é a nossa plena consciência do grau de baixeza com que estamos lidando, com que temos lidado todos esses anos sem sabê-lo com certeza.

E agora chega.

CAFÉ COM LEITE NO STARBUCKS

Era domingo de manhã, o primeiro domingo de prima-vera em Greenville, na Carolina do Sul. Eu tinha aca-bado de receber um email com uma resposta ardentemente esperada. Resposta negativa. Fiquei decepcionada.

Ok. Sendo uma adulta, eu não tinha o direito de ficar assim tão desesperada com cada sonho abortado. Tinha um marido com quem me preocupar, portanto convidei o Alan para um café.

Sinceramente. Se eu tivesse a menor intenção de se-guir vivendo, ia precisar de uma mudança radical, só não sabia como começar. Talvez saindo para o café da manhã num belo domingo de primavera. Talvez parando de es-crever sobre meus repetidos fracassos, ou começando a me concentrar no "meu sucesso".

Eu poderia com certeza contar como é lindo o início da primavera aqui nos Estados Unidos. Por todo lado se pode ver pinceladas recentes de cor, como se um talento-so pintor tivesse acabado de acordar e posto mãos à obra. "Natureza", diriam alguns. "Deus", pregariam outros. Ani-mador, por qualquer lado que se olhe.

Fomos até nossa cafeteria favorita, a cinco minutos

de carro do nosso apartamento. "Nosso apartamento", não "nossa casa".

— Odeio esse apartamento — Alan acabara de admitir, me lembrando Caetano: "Eu quero é botar fogo nesse apartamento... você não acredita". Tive que concordar, eu também detesto. Moramos aqui há tempo demais, já passou da hora de a gente se mudar.

A cafeteria estava lotada, tinha meia hora de espera. Era tarde demais para tomar café; ou, por outro lado, a hora certa para as pessoas saindo da missa, que são grande maioria neste canto do mundo, apelidado "cinturão da Bíblia". Era bem provável que outros restaurantes também estivessem lotados, então adiamos o café por um tempo e fomos até o nosso lote, que nos obrigamos a visitar duas vezes por semana a fim de imaginar como vai ser bom morar lá. O que deve acontecer, eventualmente.

Confesso não ter a menor ideia de como alcançar o sucesso. De qualquer forma, há um excesso de receitas eficientes por aí para quem planeja seriamente vir a fazer parte do "clube dos felizardos", embora eu sinta com bastante convicção que é o fracasso que nos torna humanos, ou nos aproxima de pessoas que são "simplesmente humanas". O Olimpo é em algum outro lugar, e seus deuses ungidos não agem como o homem do povo. Além do mais, tenho certeza de que existem alguns truques sagrados que não desejam compartilhar, apesar dos milhões de dólares gastos e ganhos na publicação de livros sobre o assunto.

Mas estou divagando. Voltando de Paris Mountain, decidimos parar no Starbucks perto do supermercado. À primeira vista, por estar localizado num estacionamento, parece mais uma cafeteria vagabunda num posto de gasolina qualquer. Mas quando entramos, trata-se de um Starbucks, com o mesmo projeto e esquema de cores de todo

Starbucks em qualquer lugar no mundo, sem tirar nem pôr. Seria essa uniformidade toda, cuidadosamente planejada, o segredo para o sucesso desse negócio em particular? Devo acrescentar que o café no Starbucks é sempre excelente, embora a comida possa não ser tão boa assim.

O que mais detesto no Starbucks é que não importa onde você esteja, seja no Rio, em Paris ou Nova Iorque, é preciso saber exatamente o que fazer para alcançar seu objetivo, e não existe manual de instruções. Então, peguei meu café e o do Alan — ele ficou esperando a comida — e fui direto para o balcão de leite & açúcar, onde descobri que a garrafa térmica de leite estava praticamente vazia. Tentando agir como quem está por dentro, avisei a garota no balcão de café e fui mais longe ainda: levei até lá a garrafa vazia e a deixei bem ao alcance dela antes de procurar um lugar para sentar.

Sobre a mesa havia um exemplar do *New York Times*, e Alan começou a ler com o maior interesse, algo para mim difícil de entender. A menos de uma hora atrás ele estava criticando duramente o jornal, por sua postura política e por todas as "mentiras" que publica todos os dias. Eu não estava a fim de ficar discutindo, tampouco de ficar insistindo no fato de achar o jornal importante. Menos ainda nessa primaveril manhã de domingo, tendo sido rejeitada pela enésima vez.

Precisava urgentemente me distrair dos meus pensamentos negativos, então comecei a observar os clientes, enquanto minha mente simultaneamente viajava para o passado, tentando resumir tudo o que conquistei até este momento. Embora, claro, tendo mudado de rota tão violentamente quando saí do Brasil, minhas chances de obter resultados positivos tinham diminuído incrivelmente. Para o resto da vida. Eu nunca seria capaz de me encaixar.

A garrafa térmica de leite continuava lá, em cima do balcão, exatamente onde eu a tinha deixado. Intocada. Alan, todo contente de volta em casa depois de seu próprio autoimposto exílio, foi direto ao ponto, digo, à garrafa certa de leite, e dela eficientemente se serviu, enquanto o melhor que pude fazer foi pedir à pessoa errada para encher a garrafa errada colocada no balcão errado.

Em minhas idas e vindas mentais, comecei a refletir sobre o fenômeno Trump e sobre a multidão que vai atrás do candidato presidencial, qualificada pela mídia como um bando de desajustados, de analfabetos "descartáveis". Dava para perceber a impecável ironia implícita no fato de que um bem-sucedido bilionário, um possível leitor obstinado dos discursos desenfreados de Hitler — Alan e eu tínhamos conversado sobre isso mais cedo, com base num artigo publicado no *Times* —, tinha conseguido conquistar surpreendentemente os corações da tal turba despossuída, barulhenta, exigente. Ou seria exatamente por isso, digo, por conta de sua retórica exagerada?

Carinhoso como sempre naquela sombria manhã de primavera, Alan decidiu me consolar dizendo que eu deveria simplesmente me arquivar: não havia a menor chance de eu me tornar uma escritora conhecida no mundo altamente competitivo dos praticantes da língua inglesa, em meio a uma multidão de gente gabaritada, graduada nas universidades de elite. Talvez eu devesse me limitar ao meu português nativo, me contentar com o modesto círculo de admiradores terceiro-mundistas que já conseguira granjear, parar de "cortejar gente que não me aprecia e aprender a valorizar quem o faz". Em outras palavras, eu deveria facilitar a vida e me dar uma folga, parar de mirar o céu (e começar a encarar o túmulo, tive vontade de acrescentar).

Tudo bem. Tempo para uma pausa bem-merecida.

— Estou captando a vibração de que você quer ir embora — disse o Alan, pondo de lado o caderno literário do *New York Times*. Em seguida se levantou, foi até o lixo ao lado da mesa e jogou fora os copos vazios, antes de nos dirigirmos para a saída. A garrafa de leite continuava intocada em cima do balcão de café, e aposto que ali ficaria até que chegasse o faxineiro noturno para limpar o estabelecimento — um empregado estrangeiro, com certeza.

PRECONCEITO NO BANHEIRO

Vou começar dizendo que não tenho o menor problema em dividir o banheiro com um ser masculino, desde que ele seja limpo e atencioso e maneje com habilidade o tampo do vaso sanitário, sabem como é. O que, por sorte, é o caso aqui em casa. Caso exista qualquer intenção de num futuro socialmente mais justo unificar os banheiros públicos, eu aconselharia que se estabelecesse uma espécie de multa significativa para evitar tais possíveis delitos, e vamos em frente. Não me incomodaria em nada eliminar esse tipo ultrapassado de preconceito sanitário, que acabou se revelando uma questão tão perturbadora para tanta gente.

Agora, já que escolhemos morar na Carolina do Sul, a apenas 40 minutos de carro da fronteira da Carolina do Norte, acredito que isso pode nos definir como "porcos fascistas de personalidade limítrofe", ops, desculpem aí, porquinhos. Pouco importa se nos mudamos pra cá porque nosso filho mora em Charleston, que é aqui pertinho, ou porque Greenville é uma cidade em ascensão, com excelente qualidade de vida. O que interessa de verdade é que o governador da Carolina vizinha é um monstro imbecil, um fanático desprezível que odeia gays — sim, escolhi este termo odioso, altamente preconceituoso (ou não?) por um motivo em especial, você pode especular qual, não estou nem aí. Voltando ao governador, cujo nome nem sei, já deve ser de conhecimento geral que ele acaba de aprovar uma lei proibindo os transexuais de usar o banheiro atribuído ao sexo que ambicionam, ou pelo menos foi o que entendi. Mas posso estar enganada, poderia muito bem ser o banheiro contrário, não é? O que não dá para contestar é que se trata de um tema bastante controverso, para todos os envolvidos e também para nós, os excluídos não-LGBT.

A verdade é que qualquer conclusão nessa direção preconceituosa estaria completamente equivocada, já que me considero razoavelmente aberta e disposta a respeitar a individualidade alheia, desde que não afete a minha própria. O que também inclui, é claro, certo nível de tolerância partidária. No meu círculo íntimo da família e amigos, por exemplo, temos de conservadores a partidários de Bernie Sanders (não eu, pelo menos ainda não), passando por vários graus de moderação.

Mas não no Brasil. Se podemos neste momento descrever os EUA como um país altamente polarizado, imaginem então o Brasil, onde pessoas em lados opostos do espectro político têm se aproximado perigosamente das vias de fato. O que, francamente, não é o pior.

Analisemos, por exemplo, três pessoas que no passado eu admirava, uma espécie de "mentores literários", por assim dizer. Um deles acabou se opondo publicamente ao Estado de Israel baseado unicamente em slogans amplamente divulgados do movimento "boicotista", o BDS; já o segundo se posicionou fortemente a favor do PT, e aqui mais um parêntese se faz necessário.

Como vocês bem sabem, eu agora só escrevo em inglês, e por aqui sempre traduzem "PT" por "Worker's

Party". Mas eu prefiro escrever PT Party mesmo, que soa exatamente como "*pity party*", traduzindo livremente, uma "situação lastimável", não que meus "novos leitores nativos" entendam a insinuação. Fim do parêntese.

Pois o segundo amigo se posicionou fortemente a favor do PT, que agora está lutando para desacreditar provas judiciais da arraigada rede de propinas e outras práticas corruptas que se tornaram regra em nossas instituições governamentais. O que, até o momento, resultou numa crise econômica, política e moral sem precedentes que, segundo o *Washington Times*, coloca o Brasil "à beira do precipício", sem solução à vista. Fiquei tão triste com esse posicionamento de meus antigos amigos que ficou difícil abordar o assunto sem cair em depressão, situação mais agravada ainda por meus sentimentos de inadequação e minha incapacidade de reagir com eficiência, isto é, no sentido de mostrar a eles como estão errados.

O que me lembra um sonho que tive há mais de 40 anos, logo após a morte prematura do meu pai. Eu tinha levado um parente ao aeroporto e estava voltando para casa numa estrada reta, desimpedida, quando apareceu de repente um enorme caminhão na contramão, com uma placa de contramão no lugar do retrovisor. Não por acaso, é a descrição quase exata de como meu pai morreu: num acidente de carro, atingido por um caminhão que vinha na contramão, dirigido por um motorista bêbado. No sonho, fui parada por um policial vestindo um uniforme da Revolução Francesa, que me disse para sair do carro e em seguida me perguntou se "eu tinha uma criança ou uma pessoa doente para cuidar". Eu sabia que a resposta era "não", mas fiquei tão confusa que comecei a chorar e fui incapaz de responder.

De volta à vida real. Curiosamente, meu terceiro

amigo publicou esta semana uma descrição de como vem enfrentando seus próprios amigos, que, como os que mencionei acima, exibem um apoio injustificável a este governo e seus autoritários, ops, e suas autoridades, acusadas de corrupção e lavagem de dinheiro, entre outros crimes graves. Fiquei surpresa e emocionada também, devido ao fato de a situação ser tão semelhante ao meu sonho do passado. No mesmo artigo, meu amigo também acusou o ex-presidente Lula de tê-lo empurrado para a direita contra a sua vontade, um crime que ele confessou ser incapaz de perdoar, o meu amigo, digo. Eu tampouco consigo perdoar.

Para aliviar, meu sobrinho de 24 anos me contou no outro dia que, apesar de as discussões políticas serem bastante violentas no Facebook, na vida real as pessoas raramente falam desse assunto, se limitando a beber e se divertir.

Concluindo, não deve ter sido coincidência o fato de inconscientemente eu ter escolhido morar num estado conservador, embora ignorasse completamente esse lado quando compramos o lote em Paris Mountain: o que nos atraiu de verdade foi o belo horizonte, a proximidade com nosso filho e o clima bastante agradável na maior parte do ano. Culpem-me se quiserem.

Sinceramente, mesmo correndo o risco de ser injusta por estar roubando o lema do recente ataque terrorista na Bélgica, uma situação muito mais penosa, *moi aussi*, *je suis* cansada dessa mer... ops, dessa situação toda. Para nem mencionar que um padre foi supostamente crucificado no califado na Sexta-Feira Santa. Mas pode ser tudo mentira, sei lá.

No dia a dia, na verdade, gosto bastante da diversidade: tenho que confessar que, ao contrário da massa de americanos, gosto de comer cereal com leite antes de dormir, e daí? Nem vou me arriscar a acusar determinado grupo de imigrantes por bagunçar a lavanderia do nosso condomínio, já que na verdade ainda não os peguei no ato. Ainda. Pode muito bem se tratar de brasileiros como eu, embora eu nunca tenha encontrado nenhum brasileiro por aqui.

Quanto à minha própria condição de imigrante, vocês podem até dizer que "estou ficando americanizada": além de escrever em inglês, este ano fui poupada daquela incômoda coceira de primavera que me acometeu no ano passado, meu primeiro em solo estrangeiro.

Em defesa de Donald Trump (ou não)

Este é um artigo sério, posso garantir. Embora seja bem provável que, como se diz em inglês, esteja "um dia atrasado e faltando um dólar" quando for publicado, isto é, poucos dias depois da "importante" primária de Wisconsin (para a mídia local todas as primárias são importantes, por isso as aspas). Além disso, ninguém está nem aí para o que escrevo, muito menos gente "que conta" e aqueles que os apoiam.

A crônica foi motivada por um texto irritante publicado na revista *Tablet*, afirmando que existe uma total carência de artigos sérios em favor de Donald Trump, querendo dizer que o candidato é indefensável, impossível de ser levado a sério por gente consciente e competente. Além do mais, como a grande maioria de outros artigos sobre o assunto, o da *Tablet* trata todo mundo que apoia Trump como farinha do mesmo saco — um saco transbordante de gente reacionária, racista, analfabeta e ignorante, que, aparentemente, é mais comum nos Estados Unidos do que parecia a princípio, e é aqui que eu entro.

No Brasil — que esta semana, graças à profundidade de suas crises ganhou a primeira página do *New York Times*

—, gente como eu, apesar de no momento estar em grande maioria, está sendo desacreditada publicamente pelos chamados "intelectuais" — escritores, artistas e outras celebridades "formadoras de opinião", todos partidários do PT. Seu tom de "donos da verdade" tem soado autoritário a ponto de parecer ofensivo. Ignoram outras ideias e as julgam *a priori* inválidas e desprezíveis, fechando os olhos para o óbvio comportamento criminoso de seus eternos favoritos. Ou eternamente favorecidos. E cerram fileiras orgulhosamente com este governo e sua falaciosa intenção de ajudar os pobres, numa impositiva justiça de propósitos que, ao que parece, justifica qualquer mentira; entre tantos mitos populares, no momento bastante impopulares na verdade, a mais audaciosa de todas as mentiras é essa afirmação sobre terem melhorado as condições de vida dos brasileiros pobres. Pobres brasileiros! Como estarão se saindo esses pobres salvos da miséria pelo PT? Um olhar mais apurado certamente poderá mostrar.

Não resta dúvida de que o lado certo é o lado dos pobres, dos necessitados, contra a "elite", os ricos e privilegiados. Mas o que acontece quando justamente aqueles que deveriam e tinham poder para ajudar decidiram usar suas ações piedosas como mero disfarce para encher os próprios bolsos, em detrimento de todos os outros? Onde estaria a tradicional justiça da esquerda nesse caso? E o que dizer se, como está acontecendo no Brasil, tais ações de favorecimento tiverem resultado num país arruinado? Como poderiam os pobres estar usufruindo de uma vida melhor num tal lastimável estado de coisas?

Isso nada tem a ver com a situação nos EUA, claro. Mas na verdade tem. Pessoas sérias às quais não é dada uma voz e que não são publicadas no *New York Times* constituem uma ilha de ideias contestadas, rodeada por todos os lados de barulhentas mentiras "adequadas".

Donald Trump pode até não mentir. Mas acredito que mente. Só que, ao contrário de seus adversários, escolheu um caminho mais perigoso, e, no entanto, surpreendentemente bem-sucedido: em vez de nos enganar com mentiras adequadas, conquistou muita gente com suas meias-verdades que parecem sinceras, se conectando a um nível mais íntimo e pessoal se comparado à teórica e mais óbvia equidade do comportamento altruísta da oposição, sem falhas, mas flagrantemente falso na maior parte das vezes.

Tome-se a questão do aborto, por exemplo, um dos piores *faux pas* da campanha de Trump até agora, com o potencial de colocá-lo em rota de autodestruição. Parece muito claro para quem têm olhos e ouvidos que Trump é na verdade a favor do aborto, mas devem ter dito para ele que, se quisesse aparecer bem na fita como conservador e angariar seus preciosos votos, desse jeito não iria rolar. E ele então mudou, sem pestanejar: *Só preciso dizer que sou contra o aborto. Não preciso acreditar sinceramente nisso!* E acabou pego em flagrante, não por um adversário mais esperto, mas por um repórter mais bem preparado para a situação, digo, para a entrevista.

Dá para desculpar alguém que afirma na TV que, "caso o aborto seja ilegal, deve-se punir as mulheres que o praticam?" Não! Mulheres devem ser tratadas como mimados animaizinhos de estimação, protegidas como uma espécie em extinção. Portanto, *no hipotético caso* de o aborto ser tornado ilegal nos EUA, o que é bastante improvável, uma mulher não deve jamais ser considerada responsável por suas próprias escolhas ou ações, de jeito nenhum. Mulher é sempre vítima. Por outro lado, fui informada de que a maioria das mulheres americanas é incapaz de controlar suas próprias possibilidades de reprodução, mais incapaz ainda de se proteger de uma gravidez indesejada através dos muitos métodos hoje em dia à sua disposição. Agora, *esta sim*, seria a resposta correta: todas as mulheres devem aprender a se proteger. Ponto.

Embora boa parte dos projetos sensacionalistas dos candidatos a presidente seja na verdade inviável, e suas ideias impraticáveis, mesmo assim corremos o risco de rejeição ao criticar aqueles cujo "tom" parece mais justo, palatável, como Bernie Sanders, por exemplo. Uma amiga brasileira, dessas que até hoje professa uma filosofia hippie de vida, estava toda animada com Bernie no outro dia: "Esse candidato é o que melhor se encaixa na nova ordem mundial", ela me falou. Será que ela sabe mesmo do que está falando?

Eu costumava pensar nos EUA como um país onde a legalidade impera, onde a democracia prospera e o Congresso é uma instituição respeitável. Mas que sei eu: as várias "ordens executivas" de Obama, por exemplo, provam que nem sempre é assim. Portanto, o presidente é realmente importante, e isso me deixa com mais dúvidas ainda com relação a Trump, que não me "parece" nada presidenciável, pelo menos *ainda não*. E eis o que o candidato declarou numa entrevista no domingo passado: "Posso parecer presidenciável se eu quiser. Vou parecer tão presidenciável que vai ser uma chatice só". É aí é que mora o perigo: essa rara verdade de ocasião prova somente que ele mente a maior parte do tempo, como todos os demais nessa disputada corrida presidencial!

De qualquer maneira, aqueles que enxergam qualquer coisa positiva na candidatura do Donald Trump e que, por outro lado, *veem-se a si próprios como gente do bem* (gente do mal não dá a menor pelota para a opinião alheia), acabam tão oprimidos pela propaganda adversária que mal se atrevem a falar ou escrever o que realmente pensam.

Achei bastante curioso um outro artigo publicado no *New York Times* por um veterano de guerra bastante honesto, sincero, bem-intencionado. O sujeito escreveu um longo parágrafo listando inúmeras razões pelas quais muita gente, incluindo ele mesmo e sua família, deveria apoiar Trump com base no que ele diz em seus comícios, contra a guerra e a favor de uma raiva plenamente justificável, por exemplo. "Trump é um tormento constante para a elite do Partido Republicano, que não consegue admitir as próprias falhas", o veterano escreveu. E concluiu afirmando que "Donald Trump não está preparado para o cargo mais alto do país". E por que não? Isso o veterano não diz. Talvez alguém tenha dito isso a ele, ou quem sabe ele *sabe muito bem o que deve dizer* a fim de ser elogiado, aceito, publicado, o que é sem dúvida importante. Mas, honestamente, parece ignorar os verdadeiros motivos por trás dessa opinião.

Antes de finalmente fazer minha escolha e oferecer meu totalmente dispensável apoio a qualquer candidato nas eleições americanas, o que eu gostaria mesmo é de poder contar com um pouco de calma, ouvir alguma verdade, perceber alguma imparcialidade com um leve toque de bom senso. O que é pedir demais, sei muito bem. Nada disso vai rolar, e no final terei de me virar.

No caso de, Deus me livre, as coisas darem errado, se Donald Trump for eleito presidente e acabar sendo mesmo esse novo Hitler que tanta gente está prevendo, aceitarei de boa vontade minha parte da responsabilidade. E vou imediatamente me desculpar no Facebook por colocar no papel tão terríveis pensamentos. Prometo!

O DIA SEGUINTE

— O que você vai fazer amanhã? — Alan me pergunta, às quatro da manhã, na insônia da vez.

Respondo um pouco distraída, sem olhar para ele, enquanto o polegar desliza sobre a tela do celular exibindo as últimas postagens no Facebook. Vou tentar fazer um vídeo para o lançamento do livro de um de nossos autores. Vou trabalhar no projeto da casa. Vou começar efetivamente a tradução do meu romance para o inglês, meu próximo compromisso profissional. Nada. Não vou fazer nada. Vou só ficar ligada.

Estou tão ligada que, devo confessar, não teria saído crônica, não fosse o vício, e o alívio que me traz o ofício... Passei a semana toda participando ativamente do fórum aberto no Facebook, injetando energia, desabafando, para evitar sucumbir à depressão e à letargia.

Tenho vivido nos últimos dias numa espécie de estado de "suspensão animada", ou melhor, dividida, não só entre dois países, mas entre duas linhas de vida: enquanto de "corpo presente" me ocupo dos compromissos e de algumas urgentes, inadiáveis decisões, minha mente está em boa parte investida na cena política brasileira e nos resultados da votação do impeachment.

Embora esteja a salvo de testemunhar, como me contou uma amiga, a dor das "ruas vazias porque as pessoas estão sem dinheiro até para a passagem de ônibus no fim de semana", ou de ver ao vivo o descalabro da Esplanada dividida, sinto-me como se estivesse fisicamente no Brasil. Em quase dois anos de "autoexílio" ainda não consigo sentir de verdade que "não estou mais no Kansas", ops, em Itaipava. Se lá estivesse, em meio a toda a "orgia golpista" estaria curtindo gostosos fins de semana e almoçando na Pizzaria Matilda, aberta recentemente por uma de minhas amigas. É. Pode ser. Por outro lado, estaria tendo bem mais dificuldade de enxergar uma saída, já que provavelmente estaria inserida na "massa desprovida de trabalho e de esperança", não sei, nunca se sabe.

Meu corpo presente e mais a percentagem disponível da minha mente seguem desenvolvendo o quinto ou sexto projeto de arquitetura da nossa casa em Paris Mountain — aquele desenvolvido profissionalmente pelo muito bem pago arquiteto americano se revelou "inconstruível", pois é, picaretagem não é propriedade do *modus vivendi* brasileiro — agora que, finalmente (conto com cuidado para não dar muito azar), encontramos um empreiteiro disposto a nos "ajudar".

Precisamos de "ajuda", é isso mesmo! Ajuda para construir nossa casa da forma lógica, limpa, fluida e confortável que nos agrada, o que, de certa maneira, foge totalmente ao padrão local (muitas vezes não consigo descobrir por quê...), mais dado a arroubos rococós do que almeja nosso lema bauhausiano, "a forma segue a função". Já tivemos a obra recusada por uns três ou quatro construtores! Só de olhar nosso projeto! Quem diria que ainda teríamos saudade dos bigodes de Tião Miranda, nosso empreiteiro brasileiro...

Acredito que, devido à simplicidade que desejamos para o acabamento, todos concluem antecipadamente que o percentual que poderiam eventualmente apurar não satisfaria seus padrões primeiro-mundistas, sei lá. Aqui ninguém quer trabalhar por pouco dinheiro, muito menos por amor ou idealismo — amadorismo, sabem como é. A não ser que, por um descuido do destino, Bernie Sanders acabe eleito, e não, não estou torcendo por ele. Francamente, já tive a minha cota de governismo esquerdista para o que me resta de vida.

Segundo o Alan, todos têm uma hipoteca e uma família para sustentar. O que inclui, obviamente, a violência, ops, insistência da turma do telemarketing. Caramba! Não se pode pedir uma informação online neste país sem que passem a te perseguir pelo telefone! É preciso uma cautela que eu ignorava, para se proteger dos ataques dessas vítimas comissionadas. No outro dia caí na besteira, por exemplo, de informar meus dados numa rede de universidades para obter informações sobre cursos de inglês. Fui incapaz, outro exemplo, de especular para conseguir um seguro automotivo melhor, pois a cada vez que informava meu nome, endereço e telefone (sempre falsos, é claro, mas não contem para ninguém) tinha que repetir tudo em mais de cinco formulários diferentes sem nunca chegar a receber as estimativas, caso insistisse em evitar revelar meus dados verdadeiros.

Mas o pior mesmo foi quando sucumbi à tentação de me inscrever num "prêmio internacional para mulheres de negócio" ou coisa parecida, insistentemente oferecido no LinkedIn, pensando em com isso abrir novos caminhos, ingênua, eu. Era cedo de manhã quando recebi o telefonema de Nova York. Uma mulher parecendo muito dedicada me informou que minha solicitação tinha sido "aceita", mas que, para completar o processo, era necessária uma entrevista de quinze minutos. Será que eu teria tempo?

— Vai em frente — falei.

Foi como entregar o ouro ao bandido. *Vamos ver aonde isso vai chegar*, pensei. E enquanto a mulher me usava para seus comissionados fins, eu cá do meu lado a usava para levantar um pouco minha combalida moral de exilada, e toca a contar a "importância" da minha atuação no mercado brasileiro de ebooks e toda essa velha toada que vocês já conhecem de cor e salteado. Ao mesmo tempo, num terceiro nível de pensamento, eu ia relembrando como o Brasil estava mal das pernas, tudo que eu pudesse ter feito de bom e real tendo mais uma vez se esvaído e perdido a relevância frente à urgência do presente momento.

Meus "quinze minutos" terminaram abruptamente quando a mulher quis me impingir uma taxa única de módicos 950 dólares em troca de um "selo de honra" vitalício, rapidamente substituída por outra de apenas 560 dólares válida por cinco anos, e em seguida, num último movimento desesperado, por cento e poucos dólares para um ano de "experiência". Quando hesitei — Vou pensar, te retorno a ligação — a mulher perdeu o controle completamente, e quase gritando, bateu o telefone na minha cara, deixando rolar por água abaixo todo o esforço dos últimos quinze minutos para me convencer do "meu próprio valor", antes de, obviamente, me informar que eu precisaria pagar por isso:

— Mas você não leu o regulamento antes de se inscrever?

Bem que eu tinha tentado. Mas no ansioso, emaranhado formulário, muito bem urdido para obter dados pessoais das futuras vítimas desse tipo de golpe publicitário, não tinha conseguido descobrir de antemão quanto esse "prêmio" me custaria.

Nosso mundo ideal conectado em rede está se tornando uma selva virtual, meus amigos. E isso excede em muito, com armas de insuspeito poder criativo, a virulência política nos dois lados da cena corrupta brasileira. Às vésperas da votação do impeachment, sigo contando voto por voto a cada dez minutos, sem me atrever a sequer pensar na possibilidade de que não passe no Congresso, tamanho o alívio que consigo vislumbrar após sua aprovação, não importa que provações ainda tenhamos que enfrentar para manter o curso nos desejados trâmites democráticos.

Hora de apelar para aquele Churchill básico: "A democracia é o pior sistema de governo que existe, com exceção de todos os demais". Pois é, agora imaginem que ainda hoje tem gente nos acusando de "golpistas", apelando para os mais baixos argumentos e linchamentos morais na tentativa de nos convencer de suas ilibadas noções de justiça social. Ontem mesmo li um desses intelectuais iluminados declarando que "Lula é o maior líder político brasileiro vivo" e que "não existe razão para nos submetermos a um governo ilegítimo". Ilegítimo, mas respaldado pelo Congresso Nacional e pelo Supremo Tribunal Federal, instituições garantidoras da democracia, para nem mencionar o peso da vontade popular.

De minha parte, desenvolvi uma tal ojeriza pelo "maior líder vivo" que enquanto corria ontem à tarde, quando o vi com sua língua presa vociferar no noticiário da BBC, fui obrigada a desviar os olhos, uma reação que só tive em duas ocasiões: a primeira, quando era criança, na cena dos leprosos em "Os dez mandamentos", quando mamãe me avisou para não olhar; a segunda se repete até hoje, sempre que vejo pessoas se injetarem com heroína ou crack — livres associações permitidas.

É isso aí. Em pouco mais de 24 horas poderemos estar diante de um novo quadro no Brasil, meus amigos, e torço ardentemente por isso. Poderá restar ainda muita sujeira, muita poeira no nosso caminho. Mas pela primeira vez em nossas vidas não a estaremos varrendo para debaixo do tapete, e só isso já tornará mais respirável o nosso ar. Para nem mencionar que, progressivamente, será permitido a cada um de nós voltar a dormir uma noite inteira e retomar o rumo de nossas próprias vidas, rudemente sequestrado pela ousadia criminosa daquele que em breve verá o sol nascer quadrado, se Deus quiser, e ele há de querer. Já está querendo, precisando provar que é mesmo brasileiro.

Bom impeachment para todos nós!

Amor, duro amor

Há exatos quatro anos, no dia 18 de abril, mamãe faleceu depois de uma longa luta contra o alzheimer (sem maiúsculas, por favor).

Ainda estou sofrendo. Ainda recordo, como se fosse hoje, seus ásperos comentários, um provável reflexo de seus medos mais profundos de que eu e meu irmão a detestássemos. Um medo sem sentido: apesar de nossa relação nem sempre ter sido fácil, tanto eu como ele tomamos conta dela com muito carinho até o fim. O que nem sempre acontece, como todo mundo sabe. Uma pessoa que conheço viajou de férias para Nova York poucas horas depois de sua mãe ter tido um grave derrame e ser internada no hospital. Outros creem não ter nenhuma obrigação de cuidar de seus "velhos", ao ponto de também aconselharem seus conhecidos neste sentido, como li num blog recentemente.

Minha mãe não dava moleza. Mesmo assim, não tenho nenhuma dúvida de seu amor. Mesmo ela amando mais o meu irmão, como sempre acontece nas famílias judias. Brincadeira.

O cérebro tem essa sabida habilidade de nos pregar peças, e graças a isso, no caso de alguma doença ou sob a influência de algum tipo de droga, podemos vir a maltratar as pessoas que mais amamos, e que nos correspondem na mesma medida. Não pretendemos machucá-las, mas machucamos assim mesmo.

E esta semana isso aconteceu comigo, é, mais uma vez. Na verdade, continua acontecendo. Meu marido, acostumado a tomar todo dia uma pílula para dormir, foi submetido sem querer, por conta de um implante dentário, a uma nociva mistura de remédios — "iatrogenia", como me ensinou uma amiga médica. Ele estava muito ansioso, com certo receio da cirurgia, o que dá pra entender. Não apenas sua aparência, mas também sua dentada estava ameaçada, não por causa da idade nem nada disso, mas por conta de uma raiz fraturada e a consequente perda de uma coroa "vencida", passando da hora de ser substituída. O dente mesmo ele já tinha perdido numa queda de bicicleta quando era criança, mas na nossa idade, sabem como é, esse tipo de coisa perturba de verdade, provocando um alerta, um anúncio assustador de que o "fim está próximo", podendo ocorrer a qualquer momento. Daí, quando um sedativo poderoso e um analgésico perigoso, ambos receitados pelo dentista, foram adicionados à sua "habitual receita de drogas", o resultado foi um desastre completo. Alan entrou numa espécie de surto e ficou três noites sem dormir, falando sozinho, quase delirante, com breves intervalos de consciência. Já testemunhei um punhado de cérebros danificados nesta vida e lidei com eles. Mas fraquejei de verdade quando, antes de entender o que estava acontecendo, comecei a suspeitar de que Alan estivesse com alzheimer como a minha mãe.

Quando descobri a mistura acidental de remédios, tive um sutil momento de alívio. Então, agora, cultivo a esperança de que ele se recupere depressa, uma esperança que se fortaleceu ontem à tarde, quando teve uns lampejos de consciência e conseguiu conversar com o filho. Mas aí, infelizmente, ele abusou dos comprimidos novamente, *et voilà*, mergulhou na psicose de novo. E é claro que o alvo de sua raiva foi aquela pessoa que ele mais ama (é o que eu espero) e que melhor corresponde ao seu amor.

Tenho lidado com coisas demais ultimamente. Além das minhas preocupações de sempre, ainda estou muito abalada pela crise no Brasil, cuja causadora mor, sob o efeito suspeito de drogas poderosas, anda posando de vítima e agindo erraticamente. O velho cérebro aprontando novamente! Não causa nenhuma surpresa o fato de a presidente Dilma reagir desse jeito, totalmente alheia às suas obrigações como "mãe da nação" e demonstrando um total desprezo pelo povo "sob sua proteção". Quem sabe também seja o caso de sua raiva ser dirigida às pessoas que... etc. etc.

Tenho plena consciência de que, de uma certa maneira, nossa própria dor interior pode fazer com que abracemos com fervor determinadas causas. O que explicaria, por exemplo, o fato de eu estar dedicando tanta energia à política brasileira — e à americana também, por falar nisso —, talvez devido aos meus próprios traumas e medos. Mas será que isso seria possível no caso de mais de cinquenta milhões de brasileiros (56% da população adulta mais ou menos) ao mesmo tempo? Pouca chance!

De volta ao "amor maternal". Faz bem pouco tempo, como vocês sabem, que comecei a me considerar mãe de alguém, colocando para funcionar os meus instintos maternos. Então enfrentei uma séria dúvida quando meu filho foi aceito como advogado no Marine Corps americano. Deveria cumprimentá-lo por seu sucesso? Seus amigos estavam empolgados, sua noiva toda orgulhosa, mas, honestamente, como mãe dele, embora com algum esforço eu até pudesse também me sentir orgulhosa, a verdade é que eu estava com medo, preocupada com a segurança dele, fazer o quê. Será que eu deveria mentir para ele? Decidi que não era o caso. Falaria simplesmente a verdade, como sempre faço, a minha verdade, pelo menos.

Amor, duro amor. Em inglês existe uma expressão para isso, para este amor que age com dureza no sentido de evitar algum problema sério ou sofrimento para o ser amado: "*tough love*", o tipo de amor que fala a verdade, uma verdade que pode doer, e geralmente dói mesmo. Um amor desse tipo é o que anda faltando na nossa civilização conectada, onde todo mundo anda em busca de aprovação e é consenso geral que devemos concedê-la.

Acredito que isso também faça parte da imposição de um "modelo liberal", como, por exemplo, no caso dos banheiros para os transgêneros. Ando tão incomodada com esse assunto que até já lhe dediquei uma crônica há algumas semanas. Honestamente, quantas pessoas com problemas de gênero podem existir neste mundo? Nos Estados Unidos, onde o movimento adquiriu uma força inaudita? No seu bairro, na sua cidade? A condição existe. Mas é extremamente rara, a ciência já reafirmou isso.

Fiquei muito impressionada com um filme que assisti na semana passada, antes de o mundo que me cerca, nacional e pessoalmente, descarrilhar completamente. "A garota dinamarquesa" conta a história da primeira mulher transgênero (ou homem, sei lá) de que se tem notícia a se submeter a uma cirurgia de "reatribuição de gênero", ou qualquer coisa nesse sentido. Einar Wegener (magistralmente interpretado por Eddie Redmayne) era (ou parecia ser) um jovem pintor de bem com a vida, um homem casado e apaixonado pela esposa. As coisas começam a degringolar quando essa jovem, que também é pintora, pede para ele posar para uma tela vestido de mulher.

A situação se transforma rapidamente, e de repente, o que era para ser um divertido episódio de "*cross-dressing*" — em termos mais chulos, "travesti" — acaba levando Wegener a acreditar que seria uma mulher "internamente", e começar a agir como tal. Há uma cena impressionante, na qual o rapaz, habilmente, esconde seu lindo pênis (desculpem, não consegui me controlar) entre as coxas, tentando se comportar "femininamente" em frente ao espelho no camarim de um teatro. O que me irritou de verdade foi que, em vez de tentar evitar que isso acontecesse, sua adorada esposa e um par de amigos fazem questão de apoiá-lo explicitamente.

Lili, a "nova mulher" — trata-se de uma história verdadeira, e Lili Elbe é considerada pioneira, uma espécie de ícone do movimento transgênero — decide enfrentar uma série de cirurgias cada vez mais arriscadas (e não testadas) para "corrigir" seu "defeito". Não apenas o lindo pênis foi morto e sepultado. A coisa vai bem mais longe quando, devido às ambições desmedidas do doutor e da própria Lili, que sonhava em "ser mãe", o primeiro decide, além de criar uma falsa vagina, tentar transplantar um útero — num verdadeiro e antecipado tributo ao Dr. Mengele.

"A" paciente faleceu.

Não estou nem aí para o fato de que, como afirmaram diversos críticos, faltam vários detalhes e a história fracassa em ser fiel à verdade. O mais doloroso de se ver, contudo, foi que a nova mulher, ao tentar sufocar o homem que (agora) vivia dentro dela, sufoca também seu amor pela arte. Como o fato de ser artista famoso tinha a ver com "ele", mas não com "ela", Lili decide ir trabalhar numa loja enquanto aguarda seu longamente planejado suicídio. E isso eu não consegui perdoar.

Lembro ainda o desespero de mamãe quando soube que eu estava namorando um homem gay. Ela gritou comigo, duvidou da minha inteligência, fiquei com tanta raiva dela! Como ela podia ser assim tão insensível, sem o menor respeito pelos meus sentimentos? Duro amor. Ela tinha razão. Sofri um bocado, por 10 anos, com esse relacionamento.

Agora imaginem quantos pais dedicados e respeitosos têm incentivado o "desconforto de gênero" demonstrado por seus filhos, ministrando a eles drogas pesadas e até mesmo permitindo e providenciando suas cirurgias mutiladoras?

Devo confessar que, como adolescente, eu mesma tive minhas dúvidas quanto ao acerto "do meu sexo". Cérebro traiçoeiro. Tive uma menstruação tardia. Meus seios praticamente inexistiam quando eu já era "velha demais" para continuar tão chapada. Mais tarde, quando comecei minha carreira de arquiteta e designer de móveis, fui considerada muito "abusada", ousada demais para "uma mulher". Cortei um dobrado buscando encontrar em mim uma óbvia feminilidade, tanto assim que até dei um jeito de me tornar "frígida". Agora imaginem a receita perfeita para o desastre que resultaria de tudo isso, caso naquela época houvesse essa permissividade que tanto festejamos hoje em dia.

Precisei de um bocado de paciência, persistência e capacidade de resistência até encontrar o Alan na internet, depois de vários relacionamentos fracassados e um par de casamentos. Foi quando, finalmente, consegui experimentar um orgasmo de verdade, aos 53 anos de idade. Depois disso, não somente a minha vagina se provou bastante ativa e eficiente, como os meus seios cresceram exponencialmente!

Meus amigos, espero que me desculpem a rudeza "masculina" que ficou evidente nesta crônica. Estou certa de que vocês me entenderão. Hoje em dia, afinal de contas, ninguém hesita nem um segundo antes de exibir suas particularidades sexuais para todo mundo, não é mesmo?

Lembrem-se, por favor: um duro amor é altamente preferível a amor nenhum, ou a um amor distorcido, do tipo que reage e age de acordo com a propaganda "progressista", fracassando redondamente no seu objetivo de fazer o que é certo, afinal. Um amor duro como este que aqui descrevi pode, de fato e de direito, salvar muitas vidas.

EU APOIO DONALD TRUMP
PARA A PRESIDÊNCIA DOS ESTADOS UNIDOS

Não adianta tentar simplificar as pessoas. É preciso seguir pistas, não exatamente o que dizem, nem inteiramente o que fazem.

Virgínia Woolf

Finalmente chegou o dia, e não vejo um jeito fácil de fazer esta afirmação: decidi apoiar Donald Trump como candidato à presidência dos Estados Unidos.

Sei que para os brasileiros neste momento isso parece irrelevante, mas para o mundo é muito importante, e o mundo não vai acabar com o impeachment de Dilma. Além do mais, estou vivendo aqui, e tenho uma visão mais íntima desses acontecimentos que pode ajudar em certos julgamentos, embora seja apenas, obviamente, a minha modesta opinião.

Sei muito bem que, com esse apoio, arrisco perder mais uma meia dúzia de amigos no Facebook, e talvez alguns clientes. Paciência. Eu aguento.

E não pretendo declarar esse apoio como tem sido

feito ultimamente por tanta gente, mostrando apenas o avesso, isto é, as qualidades negativas dos demais candidatos. A verdade é que tenho pleno direito a dizer o que penso, algo que aprendi do jeito mais difícil nestas últimas semanas do caos político brasileiro.

Se as pessoas podem dizer de cara limpa que "seguiram seu coração" quando votaram em Bernie Sanders nas primárias, por que eu não poderia fazer o mesmo, isto é, "seguir o meu coração"? Quem deu a elas esse poder de serem donas da verdade? Donas, pelo menos, da única opinião que conta?

Vamos combinar: em política não existe "verdade absoluta". É tudo farsa. E o nosso papel nesse jogo de empurra é tentar enxergar o que há por trás da cortina de fumaça que ambos os lados se esmeram em soprar para o nosso lado todo dia.

Enquanto escrevo, na quarta-feira, depois das vitórias de Trump nas primárias de terça, pode parecer para alguns que estou apenas optando pelo republicano favorito, considerando que decidi me tornar "republicana" já faz algum tempo, quando comecei a me decepcionar com Barack Obama, depois de torcer por ele tão ardentemente. Ou depois de ter me rendido à constante pressão do Alan, só com a ressalva de que o que ocorreu é que ele realmente me convenceu, com argumentos razoáveis, que faziam bastante sentido.

Não adianta continuar insistindo em ideias fracassadas do tipo "ninguém pode ser eleito presidente dos Estados Unidos sem antes ganhar as primárias de Ohio". Eu poderia refutar dizendo que "ninguém pode ser eleito presidente dos Estados Unidos *apenas* ganhando as primárias de Ohio", como John Kasich, certo? Também não vejo sentido em lembrar a fracassada tentativa de Ted Cruz de resolver esse "enigma" se juntando com Kasich numa dupla de perdedores, podendo assim "fingir" que ele, Cruz (ou pelo menos a nova dupla), venceu as primárias de Ohio e, portanto, merece a presidência de um jeito meio torto. Ou ainda, depois que esse "acordo" acabou furando rapidamente, com Ted Cruz fazendo de conta de que já foi nomeado candidato republicano através da escolha de uma "vice-presidente", a Carly dois-por-cento, ou "Fiorina cantora".

Ted Cruz. Que figura assustadora. Mesmo assim, fui comparada a ele numa resposta bastante injusta a um comentário meu num artigo do *New York Times*. Bem a tempo, a tempo demais para ser considerado algo mais do que uma feliz coincidência — não acredito em coincidências, *pero que las hay, las hay* — encontrei um artigo na coluna "Modern Love" do *Times* que enfocava mais ou menos o mesmo assunto da minha crônica da semana, "Amor, duro amor": a mania, ops, o "movimento" transgênero. Não hesitei um segundo antes de tentar entrar no *New York Times* pela porta dos fundos, isto é, colocando um link para a minha crônica num comentário ao artigo. Ufa.

Deu certo. Várias pessoas além dos dois leitores que me leem habitualmente foram redirecionadas para a minha crônica publicada em inglês no *Times of Israel*. Felizmente, boa parte dos leitores do *NYT* que comentaram sobre o artigo comungavam comigo em suas opiniões, refletindo uma clara rejeição dessa imposição de valores por parte de uma óbvia minoria, que não sei por que motivo acabou ganhando "foro privilegiado" no "ideário esquerdista", ou coisa que o valha.

Não somente fui comparada a Ted Cruz, como também "xingada" de "cisgênero" — para quem ainda não foi apresentado ao termo, "gente que opta pelo gênero ou sexo com que foi contemplado ao nascer", algo altamente ofensivo, ao que parece. Por que eu — ou qualquer pessoa, aliás — deveria se conformar com um destino tão limitador? Por que alguém deveria ser forçado a aceitar que é mulher, simplesmente por ter nascido assim? Quando foi que concedemos à natureza esse tremendo poder de decidir, francamente antidemocrático?

Apesar do fato (positivo) de ter precisado aceitar que o papel de "comentadora" é duro de encarar nesta nossa época de extremismos — é preciso desenvolver, literalmente, uma "casca grossa" — fiquei contente ao perceber que nem todo mundo está enlouquecido, ou enlouquecendo. Um número significativo de mulheres tentou explicar, por exemplo, que seus seios (exatamente como os meus!) são um órgão vivo, nutridor, entremeado de vasos sanguíneos e terminais nervosos, muito mais do que um "saco cheio de gel". Um homem gay compareceu com uma ideia original, afirmando que o "movimento transgênero" é na verdade um retrocesso, indo na contramão de conquistas anteriores que nos conduziram à liberdade sexual e seus resultados alentadores. "O sexo biológico é imutável", ele disse. "O 'transgenerismo' se baseia em ideias retrógradas sobre o que significa ser um homem ou uma mulher".

Vocês poderiam me perguntar, que diabo isso tudo tem a ver com a candidatura de Donald Trump? Vou explicar. Acredito que o já mencionado "ideário esquerdista" perdeu seu rumo. O que começou como uma defesa de direitos humanos fundamentais, alegremente defendidos pela nossa geração na nossa juventude, acabou se degenerando numa espécie de "ditadura das minorias". E não estou tentando minimizar direitos humanos verdadeiros, cruciais, como a liberdade de expressão, ou mais urgente ainda, o direito à moradia, alimento suficiente e educação como base para uma mínima qualidade de vida. Nem pretendo incluir nisso "minorias" legítimas, como os mais pobres, ou pessoas de outras cores (descontando a cor branca), ou, imaginem, "mulheres" — esclarecendo a ironia: de acordo com a natureza, as mulheres devem somar mais ou menos 50% da raça humana — mas, ao contrário, verdadeiras "raridades". Por que deveríamos aceitar ser limitados, tolhidos, ou mesmo sofrer abuso por parte de tais seres raríssimos, só para satisfazer suas exigências radicais?

Não me levem a mal. Como uma recém-convertida "conservadora", sou completamente a favor da liberdade para todos. Contanto que não afete a minha própria.

Nada disso significa que, uma vez eleito, Donald Trump vá conseguir, ou ao menos se empenhar em frear essa maluquice. Mas tenho certeza de que Hillary Clinton vai se esforçar para manter a atual tendência, como tem demonstrado em seus discursos. E mesmo que ela não se esforce, o simples fato de se eleger um democrata — ou, como eles gostam de ser chamados, um "liberal" — será um claro sinal de que nós, a maioria, apoiamos esse estado de coisas, essa avassaladora falta de sentido que está prevalecendo hoje em dia.

Enquanto escrevo esta crônica, escuto meio distraída o discurso de Donald Trump sobre política externa. Nada de novo nessa frente, desculpem aí o possível trocadilho. O que quer que ele diga ou faça neste momento tem apenas um objetivo: eleger-se presidente, angariar votos, ponto final. Mudanças nacionais radicais ou fortes alterações na atuação internacional do país, embora dependam do presidente como já vimos, devem antes de qualquer coisa passar pela Câmara e pelo Senado, certo?

Uma mudança urgente se faz necessária, isso é bem verdade. O que não quer dizer que, mesmo tentando com vontade, a gente consiga atravessar a tal cortina de fumaça que esconde o futuro, descobrindo assim o caminho certo a seguir. Só podemos confiar no nosso senso interno de direção, no sentido moral, um sentido que pode estar profundamente afetado pela intensidade das opiniões que nos atacam vindo de todos os lados da rede social, ecoando todo tipo de intolerância, de preconceito disfarçado, de afirmações impositivas, embora injustamente elaboradas e raramente merecidas. Neste nosso mundo atual, tem razão quem fala mais alto, ou no mínimo tem mais "curtições" no Facebook.

Vou me limitar a apoiar Donald Trump por apenas duas razões (e é claro que estou sendo irônica): a primeira é que, como eu, ele tem a mania de pôr apelido em todo mundo; e a segunda é que ele sempre começa uma revelação dizendo que "não revelo nem sob tortura que..." completando a frase com a revelação em questão, coisa que faço com frequência (adaptei obviamente ao linguajar popular brasileiro, já que Trump nunca sequer mencionou a palavra "tortura", tá bom?). Se eu estiver horrivelmente enganada, vamos saber logo, logo. Ou nunca, caso Hillary seja eleita.

A verdade é que não existe "se". Estou apenas seguindo os meus instintos e pronto. Não faz sentido para mim ignorá-los neste momento.

Para nem mencionar, obviamente, que a maioria das questões levantadas nestas eleições americanas foram introduzidas por Trump, caso vocês já tenham esquecido, ou nem sequer tenham prestado atenção. Todos os outros candidatos se limitaram a reagir a elas, alguns repetindo que nem papagaios, outros combatendo do jeito que podiam, com raras exceções. Quer dizer: de um jeito ou de outro, Trump já é o "cérebro" por trás do futuro governo, a mente que está dando as cartas. Apesar de Alan tê-lo criticado dizendo que o candidato mal sabe ler um discurso.

E agora que o "grande discurso" terminou, vou ter que dizer que não existe comparação entre o carisma de Trump e o carisma de Obama. O tempo dirá se "carisma" na verdade resulta num mundo melhor. Começamos tão bem com a nossa luta pela justiça e igualdade social, alguns anos atrás. Quando foi que a gente se perdeu?

Talvez resulte em algo bom se a gente decidir seguir um caminho que não seja tão claro assim, já que tal clareza provou ser falsa, ou pelo menos ineficaz.

Eu certamente me sentiria bem melhor, ficaria bem mais feliz se conseguisse efetivar esse "apoio" de um jeito mais animado, mais convincente, como costuma fazer o "outro lado". Mas não consigo. O mundo não deixa, já que continuo com tantas dúvidas sobre tantas coisas. Mas não no que diz respeito à presente decisão, que já está tomada. Caso encerrado. Fui.

DONOS DA BONDADE

Nada que eu já não soubesse, considerando que essa conjuntura de fatos alterou minha vida tão pessoal e profundamente, mas não tinha me dado conta disso realmente até que li sobre o assunto na coluna de Thomas Friedman no *New York Times*: "Em 2007, a Apple lançou seu iPhone, dando início à revolução dos aplicativos e smartphones; no final de 2006 o Facebook abriu suas portas para todo mundo, não apenas estudantes, e disparou feito um foguete; o Google lançou o Android, seu sistema operacional, em 2007; (...) e a Amazon lançou o Kindle em 2007". Como já contei centenas de vezes, a abertura da KBR em 2008 se deveu tão fortemente ao aparecimento do Kindle que a empresa foi inicialmente chamada de KindleBookBr, até que a Amazon nos pediu para mudar. Não custa lembrar que o "K" da KBR continua sendo uma homenagem ao querido Kindle. Já o "BR" nem preciso explicar.

Não é difícil imaginar como essa onda tecnológica deve ter afetado as demais pessoas, principalmente nos Estados Unidos, onde tais "novidades" foram criadas, encorajadas e adotadas num piscar de olhos. Ainda me lembro da discussão por ocasião da primeira eleição de Obama, em

2008, sobre se ele "poderia" ou não continuar usando seu Blackberry como presidente. Dá para imaginar uma discussão desse tipo hoje em dia?

Blackberries já desapareceram faz tempo, mas em países de terceiro-mundo a tecnologia é ainda considerada inimiga. Como no Brasil, por exemplo (ops, desculpem), onde esta semana um juiz bloqueou o WhatsApp por 72 horas porque a empresa se recusou a fornecer informações às quais nem tinha acesso.

Não resta dúvida de que, no que diz respeito à comunicação, a revolução tecnológica mudou nossas vidas profundamente. Nos famosos e "revolucionários" anos 1960, se quiséssemos gritar alguns slogans contra o estado de coisas era preciso comparecer ao vivo a qualquer manifestação. Que chatice! Como naquela época não existia nada parecido com "presença virtual", vou arriscar um palpite sobre o que na verdade caracteriza a "originalidade" da atual campanha eleitoral americana: a furiosa atividade nas redes sociais. Incluindo os controversos "tuítes do Trump".

Tal fenômeno, obviamente, não se limita aos Estados Unidos. No Brasil, por exemplo, as redes sociais estão tendo um papel excepcional na crise política da hora, apesar de o pivô do impeachment

ter sido, na verdade, um telefonema grampeado, como nos velhos tempos. Ainda assim, me espanta um bocado perceber como as redes sociais nos permitiram uma visão inusitada, não somente da opinião, mas do fundo da alma, da consciência de cada um. *Et voilà*, finalmente podemos entender (eu, pelo menos, pude) o desonesto jogo ideológico que nos manipulava há tempos sem que a gente percebesse, e ainda nos manipula.

Hoje, no Brasil, não resta dúvida de que a chamada "esquerda" se metamorfoseou num esquema corrupto que na verdade rouba do povo, com óbvias e prejudiciais consequências para os pobres e necessitados, apesar de a doutrinação do PT querer provar o contrário. Para aliviar o peso de tais graves acusações, só mesmo lançando mão do altamente eficaz humor brasileiro, que é forte o suficiente para desafiar nossa situação deprimente: "Este governo tirou bilhões da pobreza. E os depositou em contas secretas no exterior". Agora imaginem o meu aperto para traduzir essa piada para o inglês, ai, ai, ai. Trata-se do típico conflito cultural em ação.

Apesar de tudo isso, a esquerda não deve desistir tão fácil. Seus adeptos estão tão convictos de serem os donos da verdade que, a partir de certo ponto, começaram a se descrever como os "donos da bondade". Ou pelo menos foi o que me disse um amigo, entusiástico partidário de Bernie Sanders, que, em resposta à minha recente (e também deprimente) "saída do armário conservador" definiu a "esquerda" (ou melhor, "os liberais", como se descrevem nos Estados Unidos) como uma "teoria política baseada na *natural bondade humana* e na autonomia do indivíduo, favorecendo as liberdades políticas e civis" (grifo meu).

Fico imaginando de onde ele tirou isso, porque, francamente, me recusei a pesquisar no Google. Não aguento mais me confrontar com esse tipo de teorização sem sentido. Vamos combinar: Rousseau (*O Contrato Social*, 1762) já tinha entendido que não existe essa tal "bondade humana", descrita pelo autor como um atributo natural "corrompido pela influência perniciosa da sociedade e das instituições humanas". O que, supostamente, deveria incluir nossas (fracassadas) ideologias.

Um fato curioso é que, enquanto eu escrevia esta crônica em inglês (como é meu novo costume), procurando uma expressão local que caísse tão bem para os meus propósitos como "donos da bondade" (dá pra ver que continuo *pensando* em português) me deparei com um comercial de comida canina com o slogan "alimentando a bondade", mostrando que a gente pode, se quiser, dar preferência ao nosso lado bom em determinadas oportunidades. Entre as quais se incluiria, por exemplo, salvar um cachorro sem dono quase sendo atropelado na rua, mas dificilmente um debate político radical. Por sinal, isso não dá aos esquerdistas (ops, "liberais") — e muito menos aos "direitistas" — o direito de se arvorarem em exclusivos praticantes do bem, mesmo que assim se acreditem. O que, na minha opinião, deveria ser definido como "ilusão".

De qualquer maneira, agora que Donald Trump se tornou oficialmente o candidato republicano à presidência dos Estados Unidos, vou arriscar um passo à frente e provocar mais uma vez o ódio alheio — uma vez preconceituosa, preconceituosa e meia — declarando o que acredito que está por trás desse tal "movimento", descrito pelos mais importantes jornais americanos como constituído por uma maioria de homens brancos, trabalhadores braçais sem educação superior e misóginos, isto é, homens que odeiam as mulheres. Trata-se, na minha opinião, de uma "revolução popular", uma reação à característica humana que nos faz avacalhar tudo aquilo que tocamos — me desculpem o pessimismo — nos impulsionando a exagerar na direção do progresso de forma a eliminar os avanços obtidos, sem exceção.

O pêndulo da civilização oscilou, atingiu seu máximo. Estamos todos exaustos desse extremismo em nossos pensamentos (e ações!), um estilo de vida radical que se imiscuiu em nosso dia a dia, quase insuportável hoje em dia. Esse pessoal "progressista" não dá a mínima para o bem-estar da humanidade em geral, vamos combinar. Só se concentram em seu próprio umbigo, sem se importar com as consequências. E um belo dia isso vai ter que parar, tenho quase certeza de que vocês sabem do que estou falando.

Espero, sinceramente, que esse momento esteja se aproximando, e que possamos finalmente nos despedir para sempre desses donos da verdade, donos da bondade. No Brasil, pelo menos, sei que estamos quase lá. Já vão tarde.

Narrativas

Há alguns anos, uma de minhas melhores amigas, que além de escritora era também publicitária, foi contratada para a campanha de um candidato do PT à prefeitura de uma pequena cidade no interior de Minas Gerais.

Depois de um mês de "imersão" no QG da campanha, minha amiga voltou impressionada com o nível de corrupção que tinha testemunhado, e me falou que pretendia escrever um livro a respeito.

Dei o maior apoio. O PT naquela época ainda estava no auge da popularidade, embora já houvessem consistentes rumores de propina e má administração. E apesar de a gente ter previsto que o partido se daria mal nas eleições municipais, não foi o que na verdade ocorreu.

Minha amiga deu um tempo. Depois decidiu adiar seu projeto, que, no final das contas, nunca foi concretizado. Acabou mudando de ideia, e aproveitando, mudou de ramo também, e hoje se dedica ao mercado imobiliário.

Fico pensando em quanta gente boa por aí tomou essa mesma decisão de não falar o que sabia e o que estava vendo, e não culpo esse pessoal de jeito nenhum. Para a nossa geração, denunciar qualquer coisa que tenha a ver com o governo constituiu por um bom tempo algo bastan-te perigoso, já que crescemos durante a ditadura, os infa-mes "Anos de Chumbo" (chumbo aqui significando bala, mesmo). Embora, é claro, hoje em dia exista no Brasil uma democracia madura e total liberdade de imprensa; é nisso pelo menos que a gente prefere acreditar. Por outro lado, qualquer pessoa medianamente bem-informada sabe que "para que o mal triunfe basta que gente de bem decida não fazer nada", desculpem aí.

Enfim, o que se pode fazer. As pessoas são livres para escolher.

Hoje, quarta-feira, enquanto estou escrevendo, o Senado se prepara para votar o que será provavelmente o "último suspiro" de Dilma Roussef. Depois de idas e vindas e um bocado de drama, mais parecendo uma novela disfar-çada de *reality show*, a presidente vai ser destituída por 180 dias, provavelmente para sempre. Vamos nos livrar de suas supostas boas intenções e péssimos resultados, que quase acabaram por destruir o país. Isso, para nem mencionar a imposição constante de visões de esquerda, defendendo a ideia de que os partidários do PT são os donos da verdade e da "bondade humana". Imaginem.

Donos da incompetência e da desonestidade, isso sim. E isso deverá ser provado no final. Na verdade, demos a maior sorte por ainda nos restar um país que poderá se recuperar, com o tempo e um governo em que se possa confiar.

Na contramão da lógica mais comum, já que nosso país não passa de uma "república de terceiro-mundo sem relevância", vou me arriscar a afirmar que o Brasil de hoje deveria ser considerado uma espécie de "mapa do tesou-ro" para resolver o "problema da esquerda". Tudo bem, eu entendo muito bem que vocês talvez nem saibam qual é esse "problema da esquerda", ou qualquer coisa nessa linha. Mas basta parar para pensar e analisar com calma o que está acontecendo neste momento na temporada eleitoral nos Estados Unidos, ou nos derradeiros meses do governo Obama, para entender do que se trata.

Esta semana, um artigo chocante publicado no *New York Times* expôs sem meias palavras para o público em geral a noção de que o povo americano foi e tem sido manipulado para acreditar em fatos que, na verdade, não passam de pura mentira. Vamos combinar que, de um jeito ou de outro, dava para imaginar qualquer coisa rolando nesse sentido, mas a esse ponto? Se a realidade não estivesse tão flagrante, eu me recusaria a acreditar que tal coisa pudesse acontecer nos Estados Unidos, imaginem; mas lá estava, tudo muito claro, explicado nos mínimos detalhes, incluindo a "narrativa" que deveria infalivelmente nos convencer da justa necessidade do Acordo Nuclear com o Irã (não sei se vocês sabem, mas a grande maioria do povo americano era contra esse acordo). No artigo, os jornalistas são tratados com desprezo, como se fossem crianças de escola, meio imbecis. E que dizer do povo em geral? Daqueles que (bem ingenuamente, acredito), confiam nas instituições, nas incensadas ideias dos "fundadores" da América?

Como estrangeira (e iludida), confesso que fiquei espantada. E ainda tem mais.

O Facebook acaba de ser acusado de "manipular" as notícias (aqui nos EUA o Facebook é também considerado uma espécie de portal de notícias), favorecendo os esquerdistas, ops, liberais, em detrimento dos conservadores. Isso, dizem, para agradar o "chefe", declaradamente contra Donald Trump.

Tudo bem. Todo mundo tem direito à sua opinião. Mas não à "manipulação da opinião", não é? O que deveria, a meu ver, abranger tanto a equipe do Facebook como seus usuários, ou estou ficando maluca?

Liberdade de imprensa e amor à verdade não são os únicos valores americanos sendo desafiados ultimamente. Longe de mim pretender parecer "careta" ou preconceituosa, mas o que começou como uma "colorida" campanha de direitos para os gays está agora se degenerando num estado geral de abuso e perversão de fazer corar a Sodoma de Pasolini. Peço desculpas por minha linguagem radical, mas me enchi de vez! O pior é que tudo isso nada mais é do que um mero sinal dos atuais rumos da nossa sociedade. Infelizmente.

Crianças e adolescentes têm sido como nunca antes encorajados a duvidar de seu próprio "gênero". A moral e a família tradicional têm sido desprezadas, rotuladas como retrógradas, num mundo onde certo e errado nada mais têm de "absolutos". Muito pelo contrário: tudo hoje em dia é passível de discussão. A "educação" está sendo transformada num campo de batalha, onde ideólogos dedicados jogam pesado, para ganhar. E o prêmio que eles mais ambicionam é a "verdade do futuro", cada vez menos discutida porque a pluralidade de pensamento tem sido cuidadosamente afastada das universidades, por exemplo, que boicotam as vozes conservadoras. Isso vem acontecendo nos Estados Unidos, mas, pelo que sei, o Brasil não fica muito atrás.

Pessoalmente, detesto teorias de conspiração, mas está ficando cada vez mais claro que estão tentando nos impor uma "agenda esquerdista", diminuindo cada vez mais o espaço de contestação. Agora mesmo no Brasil, por exemplo, pessoas que tinham se afastado da esquerda porque, afinal de contas, não estava dando para defender a corrupção no PT, já estão voltando a cerrar fileira. Pensamento e verdades estão sendo "processados" em vários cenários, não só na política. Esta semana, por exemplo, li num artigo que Freud teria dito que "é impossível ignorar a que ponto a civilização é construída com base numa renúncia ao instinto". Para meu profundo desânimo, o autor — de quem gosto bastante, por sinal —, pretendendo atacar uma fala de Trump em defesa do uso de sua intuição, se "esqueceu" de informar ao público leitor de que Freud na verdade não estava falando de política, mas de sexo, dos impulsos sexuais. Para ser exata, da pulsão de morte [*Todestrib*] como contraposição ao instinto de sobrevivência [*Lebenstrieb*], descrito como Eros.

Freud nunca disse nada no sentido de negar a "intuição" que utilizamos na tomada de decisões. Pô, peraí. E, mesmo que tivesse dito, teria sido desmentido, já que a ciência hoje em dia reconhece sem sombra de dúvida a importância da intuição nesse processo.

E por aí vai.

Todo mundo sabe que na antiguidade a História era frequentemente reescrita pelos que se saíam vitoriosos em guerras de vida e morte. Mas nada se compara à atual prática de manipular o próprio pensamento, um estado de coisas no qual, para além de uma muito festejada "democracia da informação", certas ideias são qualificadas como mais "morais" que outras, e, portanto, as pessoas que as defendem são consideradas "melhores" que as outras.

Contra quem estamos combatendo, afinal? Indo mais fundo, será que estaríamos melhor arranjados se um desses "lados" terminasse eliminado?

Duvido.

Recentemente, o incêndio que queimou (e continua queimando) um estado inteiro no Canadá tem sido atribuído ao "aquecimento global", culpando ferozmente a indústria "suja" de extração de petróleo no local. Li no mural de uma amiga canadense que gente que perdeu tudo, e foi forçada a deixar suas casas, está sendo acusada de "atrair a própria desgraça". Peraí. Trata-se exatamente daquela mesma mania horrorosa, muito popular na Nova Era, de se "culpar o paciente de câncer por sua própria doença", uma ideia no mínimo muito injusta.

Esses "escrevinhadores de narrativas" são tão descuidados que desprezam a memória, e manipulam bancos de dados sem o menor constrangimento. E já que estamos falando de desastres da natureza, o que dizer, por exemplo, da tempestade de poeira ocorrida em maio de 1934 nos Estados Unidos, há exatos 82 anos? De acordo com os registros, "numa maciça tempestade, toneladas de partículas de solo voaram através das "Great Plains" nos Estados Unidos atingindo até Nova York, Boston e Atlanta". Será que a terrível seca que provocou o fenômeno também se deveu à atividade humana?

Ok. Como escritora, tenho direito a "criar uma narrativa" e jogar à vontade com seus elementos. Trata-se, basicamente, da essência do meu trabalho. Quando junto num mesmo texto fatos diversos, ocorridos em épocas diferentes, estou procurando, definitivamente, manipular as crenças das pessoas, ou criar uma história que torne a realidade mais fácil de entender. Mas faço questão de sempre esclarecer meus métodos, sempre enfatizando a inevitável presença de um exagero que é crucial para o sucesso desse gênero literário intitulado "crônica". Também costumo insistir no fato de que tudo que escrevo não passa da minha própria opinião, meu jeito de ver e entender as coisas, que, aliás, não imponho a ninguém, a não ser a mim mesma.

Já essas pessoas que descrevi mais acima, encarregadas de nossas "narrativas cotidianas", podem não ser assim tão inocentes, nem tão bem-intencionadas. Cuidado. Elas querem convencer você.

Jogando com as Olimpíadas

Meu sobrinho de 27 anos, um brilhante engenheiro que estudou na França e mora há alguns anos na Alemanha, vai voltar para casa em agosto, durante as Olimpíadas, já que se registrou como voluntário e foi aceito para trabalhar como motorista: um profissional de alto nível, com experiência internacional, estará à disposição de alguns atletas sortudos para levá-los a circular por uma das mais belas cidades do mundo.

Assim como ele, milhares de jovens brasileiros se registraram como voluntários, um sonho que começaram a alimentar quando, em 2009, o Brasil foi escolhido para abrigar os Jogos Olímpicos.

Era uma época de muito otimismo no Brasil. O PT estava no governo desde 2002, navegando numa onda (herdada) de estabilidade. Lula era assim, digamos, um tipo de ícone: um homem simples, vindo da classe trabalhadora, que, depois de uma vida de lutas, atingira o mais alto posto público no Brasil — um indiscutível herói da esquerda, reconhecido mundialmente. Obama o adorava, dizia que ele era "o cara". Uma vitória das boas para um país de terceiro mundo que há pouco tempo estava sendo esmagado pelo peso de uma inflação descontrolada.

Parêntese: este texto foi escrito para a "galera internacional". Se assim não fosse, estaria cheio de aspas irôni-
cas, mas, como vocês sabem, se a gente quiser ser levada a
sério no mundo precisa se comportar. Fim do parêntese.

Tínhamos levado também a Copa do Mundo de
2014, que deu até bem certo, por sinal, apesar dos muitos rumores e da crise política que na época já cobrava
seu preço.

Desde então, essa crise piorou substancialmente, e
atingiu seu ápice com a aprovação pelo Senado, na semana
passada, do processo de impeachment contra Dilma Roussef, atualmente em seu segundo mandato depois de ter
sido apontada por Lula para sucedê-lo em 2010. Foi uma
escolha desastrosa. Incapaz de governar após sua reeleição
em 2014, com sérias suspeitas de contribuições ilegais para
sua campanha, Dilma estava há meses praticamente ausen-
te da cena pública, com exceção de seus discursos patéticos
e sem sentido, que acabaram por transformá-la em objeto
de piadas, algo que a imprensa internacional talvez ignore. Lula, por sua vez, está enfrentando sérias acusações de
tráfico de influência, ocultação de patrimônio e falsidade
ideológica.

É interessante lembrar que a solução para a nossa
galopante inflação veio justamente depois que outro presidente foi impedido, em 1992, pela primeira vez na história
brasileira. O impeachment, dizem os especialistas, é um
instrumento para garantir a democracia num regime pre-
sidencialista, onde não há um primeiro-ministro para ser
substituído pelo Congresso. Sem isso, afirmam, a democracia poderia facilmente descambar para uma ditadura.

Pessoalmente, já enfrentei inúmeras crises econômicas no Brasil, e penei de verdade. Nos anos 1980, eu era
uma empresária e designer de móveis bem conhecida, lu-

tando contra uma inflação de 10 por cento. Por semana. Em 1990, logo depois da posse de Collor — o presidente que mais tarde foi impedido —, estava trabalhando como curadora de artes na Fundição Progresso, para quem não conhece um importante centro cultural no Rio de Janeiro que, na época, era totalmente dependente de verbas oficiais. E todos os programas culturais foram cancelados, literalmente, da noite para o dia.

Também "naveguei" na onda de estabilidade e progresso que se seguiu ao bem-sucedido "Plano Real", quando uma moeda estável resolveu finalmente os nossos problemas. Mas apenas temporariamente, já que hoje em dia o Brasil está enfrentando uma forte recessão. Desta vez, devido à corrupção e má administração, pois é, o Brasil não facilita. Então, nesse novo momento, eu tinha decidido me dedicar a escrever e trabalhar como editora. Para quem ainda não sabe, fui a pioneira do livro digital no Brasil, a primeira editora brasileira a publicar um ebook em português na Amazon, muito antes de outras editoras ou outras livrarias online decidirem se arriscar no novo mercado, muito antes de a própria Amazon decidir abrir sua própria loja no país. Com uma ajudinha da minha parte, gosto de acreditar.

Foi nesse ponto que esta nova crise me apanhou. Eu tinha uma empresa que ia de vento em popa, totalmente operada através da internet; um catálogo com mais de 200 títulos publicados; e a linda casa que Alan e eu projetamos e construímos num paraíso no meio da Mata Atlântica, em Petrópolis. Estava muito preocupada. Nem a Copa do Mundo conseguiu me animar em nada. Tudo que eu queria era vender a nossa casa com algum lucro e me mudar para os Estados Unidos o mais rápido possível. Não conseguia me imaginar tendo que começar tudo de novo mais uma vez, mais uma vez por conta da incompetência e desonestidade do governo.

Agora que a presidente Dilma já foi impedida, a mídia internacional decidiu comprar a versão dela para os últimos acontecimentos, dando força ao argumento de que foi vítima de um "golpe". Pois é. Pode até não haver uma acusação direta de corrupção contra ela, ou uma prova indiscutível de que cometeu algum crime. Mas, curiosamente, ao longo dos últimos anos Dona Dilma esteve em posições de poder que coincidiram em tempo e lugar com crimes sendo cometidos, como, por exemplo, em 2007, quando o escândalo de Pasadena transformou a escala de corrupção dentro da Petrobras. Dona Dilma, embora insistindo na teoria de que nada há para manchar sua "impoluta reputação", era na época a chefe do Conselho da Petrobras, e como tal deveria aprovar qualquer investimento de monta da companhia estatal.

Enfim, não tenho a intenção nesta crônica de fazer uma lista das inúmeras razões pelas quais o Brasil estava certo ao impedi-la, ou enfatizar que todo o processo ocorreu 100% de acordo com as regras e respeitando não só a democracia, como as nossas instituições e a separação de poderes. Para nem mencionar que refletiu a vontade da grande maioria do povo brasileiro, aí incluídos muitos daqueles que votaram nela em 2014.

Devo confessar que não foi surpresa nenhuma para mim ler esta semana no *New York Times* uma discussão sugerindo que o Brasil deveria no mínimo adiar, provavelmente cancelar os iminentes Jogos Olímpicos. Por razões que não consigo entender, uma campanha contra nossos interesses foi lançada há alguns meses pelo próprio governo, durante a crise de Zika. Uma crise que, por falar nisso, foi em boa parte provocada pela incompetência desse mesmo governo no sentido de eliminar os focos do mosquito com medidas simples, mas efetivas, coisa que já fazemos há anos, desde que surgiram as sazonais epidemias de dengue, que, como todos sabemos, é transmitida pelo mesmo Aedes.

A reação foi ruidosa e imediata. Todo mundo começou a cogitar cancelar os Jogos, sem prestar atenção ao fato de que, no inverno do Rio, os mosquitos diminuem consideravelmente. Dificultando, portanto, a contaminação pelo vírus.

Na série de artigos do *New York Times*, o Brasil foi acusado, entre outras coisas, de ser bom em "ocultar os danos e mostrar sua face artificial", o que, vamos combinar, é no mínimo injusto. Embora a nossa proposta para as Olimpíadas tenha sido ambiciosa, as obras estão sendo executadas, mesmo com toda a dificuldade e agitação política. A crise ainda persiste, mas estamos otimistas. Já estamos do "outro lado" de um dos maiores desafios que o país enfrentou durante a minha vida, e há uma firme disposição de fazer o melhor e dar tudo de nós. Restam ainda incontáveis problemas a serem resolvidos, mas pelo menos não temos mais a sensação de ter uma "gangue" no poder fazendo o que pode para manter seus privilégios, custe o que custar, com o dedicado apoio de um forte esquema de corrupção. Que, por sinal, está sendo desbaratado pela Polícia Federal (não se preocupem: na versão em inglês não chamei o PT de "gangue", mas sim de *"pity party"*, um "partido que dá pena").

Hoje, o Brasil e os brasileiros deveriam, isso sim, ter a seu dispor um amplo e generoso apoio internacional no sentido de fazer tudo o que estiver ao alcance de todos para fazer dessa Olimpíada um sucesso total. Muitos de nossos jovens, como o meu sobrinho, estão a postos. O Rio de Janeiro, que apesar dos pesares continua lindo, está se aprontando para o evento, que, no momento, é nossa melhor e mais imediata aposta para elevar um pouco a nossa moral, tão combalida nos últimos tempos, coitada. E uma campanha da mídia no sentido de prejudicar um projeto tão importante nos faria muito mal.

O fato é que nós, brasileiros, estamos orgulhosos demais da conta da maneira civilizada com que recuperamos o controle do nosso país, deixando intacta sua estrutura democrática. Esperamos que em agosto vocês venham compartilhar com a gente essa satisfação.

***

Ao longo de todo este livro, cuja edição final foi feita em abril de 2017, depois de ter sido publicada nos Estados Unidos a versão em inglês, *Tough Love*, resisti o quanto pude à tentação de acrescentar "atualizações". Mas aqui tive que ceder. Não só o Rio de Janeiro teve suas finanças completamente destruídas, mas sua moral foi completamente aniquilada pelas revelações de corrupção do ex-governador Sérgio Cabral e sua esposa no final do ano passado. Cabral está detido no momento, se não me engano, na Penitenciária de Bangu, depois de uma passagem por Curitiba. Depois de uma temporada em Bangu, sua esposa Adriana Ancelmo foi agraciada recentemente, sob protestos da população, com a prisão domiciliar.

As notícias não são melhores no que se refere às revelações de como o Rio de Janeiro venceu a concorrência para sediar as Olimpíadas: há suspeitas de propina paga — por um empresário do Rio associado a Cabral — ao Comitê Olímpico, na pessoa de Lamine Diack, atualmente detido na França.

Quer dizer, minha "campanha pelo sucesso das Olimpíadas" acabou, quase um ano depois do evento, se revelando injustificada e até motivo de vergonha, apesar de no evento em si tudo ter dado muito certo. Está difícil conviver com o nível de corrupção no Brasil revelado pela Lava-Jato, algo inimaginável para quem passou a vida praticando a honestidade.

ENQUADRAMENTOS

Era uma tranquila manhã de quarta-feira em Greenville, e eu mal podia acreditar nas coisas que meu cérebro estava lendo naquele artigo sobre a "miséria na América" — "uma América crivada de ansiedades", para ser exata.

— Alan, por que cargas d'água os americanos estão tão revoltados? Acho difícil de entender.

Ele demora um pouco para responder. Está no meio de escrever um email, tentando contemporizar com mais um de nossos promissores empreiteiros, com quem vínhamos trabalhando há mais de um mês em horário quase integral, numa animação só, trocando ideias excitantes sobre o projeto da nossa casa. Que, por sinal, depois de quase dois anos ralando, por alguma razão que me escapa ainda estamos alterando. No começo, fiquei tão empolgada que até pensei que o sujeito era nosso amigo, quando, por exemplo, nos levou para um passeio de dia inteiro visitando casas que tinha construído já faz um bom tempo — todas lindas, charmosas, do telhado ao banheiro, a típica "arquitetura de revista" que andávamos procurando. Isto é, se tivéssemos dinheiro suficiente.

Faz tempo também que o Alan vem insistindo naquilo que ele chama de "preço correto" para o estilo de casa que estamos planejando — bom design, sem firulas nem frescuras como já devo ter comentado, muito vidro, acabamento bem simples, mas de boa qualidade, enfim, tudo de um jeito Bauhaus de ser, se é que vocês me entendem. Alan repete o tempo todo que as pessoas estão se iludindo, presas a uma noção de custo que vem despencando desde a explosão da "bolha" imobiliária em 2008, ou coisa parecida (peço desculpas por não saber explicar melhor, mas como na época eu não morava nos Estados Unidos, não dá pra saber como tudo realmente se passou).

Daí que, depois desse longo "namoro", o empreiteiro bonitão — pois é, evitei até aqui revelar esse pequeno detalhe — enfim entregou o tão temido orçamento... praticamente o dobro por metro quadrado do que a gente estava esperando.

Como um "enquadrador" experiente — aqui nos Estados Unidos as construções começam por levantar toda uma estrutura ou moldura de madeira semelhante a um cenário de teatro, e tínhamos decidido fazer assim mesmo, em vez de insistir no concreto e tijolo — o homem tentou nos "enquadrar" direitinho, isto é, pensou que a gente cairia com patinhos. O caso é que, depois de tanta pesquisa, aprendemos uma coisa ou duas com relação ao negócio da construção, e já não somos tão inocentes quanto no começo: não levamos nem um minuto para perceber que ele na verdade tinha duplicado os orçamentos recebidos de terceiros, et voilà, sobrou pouco para extrapolar e concluir, sem meias palavras, que ele estava tentando nos explorar, para meu profundo desapontamento. Fiquei deprimida por uma semana.

É bem verdade que desde a obra da nossa casa no Brasil a gente tinha se convencido de que todo empreiteiro é um pouco ladrão, me desculpem aí a generalização. Outro generoso profissional que consultamos, imaginem, ofereceu que passássemos para ele a posse do lote e da casa para que ele tomasse um empréstimo em nosso lugar, e assim que tivéssemos crédito poderíamos comprá-la de volta. Só rindo. A questão é que eu nunca disse a ele que não tínhamos crédito... Ousado, o rapaz: me lembrou um filme que assisti há algum tempo, no qual a protagonista contrata um matador de aluguel para assassiná-la e assim livrá-la e à sua família de uma dívida impagável... o que, felizmente, não é o nosso caso. Ainda.

Como tenho escrito demais sobre política ultimamente — pior, política americana, um assunto que pouco interessa aos meus leitores brasileiros — algumas amigas andaram me pedindo que eu escrevesse sobre a minha rotina nos Estados Unidos. O que, por sinal, não iria agradá-las nem um pouco, já que desde que me mudei para cá mudei também de opinião tão radicalmente a ponto de estar apoiando a candidatura a presidente de vocês-sabem-quem.

— Trinta e dois por cento dos jovens adultos neste país ainda moram com seus pais — disse o Alan, que estava assistindo à TV no outro canto da sala.

Ele prosseguiu me explicando que o desemprego na verdade está em torno de 10, 15%, que as estatísticas só contam gente que ainda está procurando emprego, deixando de lado quem já desistiu ou encontrou algum outro jeito temporário de se virar; e lamentou que o atual governo esteja investindo demais em instituições e gastos sociais, em vez de estimular a economia e fazer o país crescer, um estilo de governar mais para o "socialista".

— E é por isso que tem tanta gente apoiando o Donald Trump — Alan concluiu.

Tomando os outros por mim, acho meio difícil para os brasileiros entenderem *realmente* o que se passa nos Estados Unidos. No Brasil, só se tem acesso à interpretação meio tendenciosa de alguns jornalistas locais, que, por sua vez, se baseiam numa opinião também tendenciosa de algum colega estrangeiro, muitas vezes através de traduções malfeitas. Telefone sem fio, sabem como é. Estamos sendo "enquadrados" a cada dia que passa, meus amigos.

Em Psicologia, o termo "enquadrar" é definido como o "processo de definir um contexto ou questões em torno de um problema ou acontecimento de maneira a influenciar como esse contexto ou questão é visto e avaliado". Então, enquanto eu estava me aborrecendo com a questão do "enquadramento" da casa, estava ao mesmo tempo me defrontando, no livro que estou editando, com algumas descrições bastante claras de como a "questão de gênero" vem sendo engendrada na nossa sociedade por muito mais tempo do que ousaríamos imaginar.

Confesso que fiquei muito desanimada. Uma crença bastante tendenciosa envolvendo a "injustiça" de uma divisão "super simplificada" da raça humana em homens e mulheres vinha sendo ensinada nas universidades como verdade comprovada, estabelecida há mais de uma geração por livros didáticos aceitos e aprovados. Portanto, não se trata, absolutamente, de uma ideia meio estapafúrdia relacionada ao uso dos banheiros que apareceu nos Estados Unidos na semana passada, como a princípio pode ter parecido, pelo menos para a "massa ignara", na qual eu mesma me incluo.

Tendo como base a óbvia injustiça de uma sociedade paternalista, que "enquadrou" as mulheres por boa parte da nossa história civilizada, e também o indubitável sucesso do movimento feminista dos anos 1960, a maioria dos acadêmicos está tentando (e conseguindo) impor a todo mundo uma estrutura de pensamento segundo a qual a família tradicional é não apenas preconceituosa, como também prejudicial à sociedade. Seu vocabulário, usando algumas palavras-chave especialmente inventadas e proibindo outras, resulta em pérolas como "a maternidade não é inata, mas construída pela sociedade". Isto, baseando-se no fato de que "nem todas as mulheres desejam ter filhos".

Pô, peraí. Que raio de lógica seria essa? Um bom exemplo é essa campanha de "direitos civis" a favor da legalização do "poliamor" no Brasil. Tudo bem. Para mim, trata-se de nada mais, nada menos, que "poligamia" com um nome repaginado, entenderam?

Como um exemplar típico da minha geração orgulhosamente revolucionária, na qual as mulheres lutaram com tanta dedicação pelo direito de serem iguais aos homens, tudo o que tenho a declarar é o seguinte: tendo optado por não ter filhos e focar minha atenção em outro tipo de assunto, vejo a maternidade, na verdade, como algo que vem sendo "destruído pela sociedade", e tenho certeza de que em algum momento vamos nos arrepender dessa coisa toda. Para mim, no entanto, será tarde demais.

No meio de toda essa doideira de diversidade que tenta hoje em dia nos confundir e sufocar, torna-se quase inevitável concluir que mulheres e homens, no final das contas, não poderiam ser mais diferentes. E por favor, não se apressem a concluir que tal diferença inclui "todas as possíveis variações entre um extremo e outro", ok?

Taí. Quer me parecer que temos optado por basear nossos ideais numa tendência atual enganosa e frágil, que fica martelando o tempo todo os seus pontos de vista. Como eu disse, estamos sendo enquadrados, meus amigos. Caiam fora enquanto é tempo.

SOU RETRÓGRADA SIM, E DAÍ?

Há muitos anos, eu estava almoçando no Shopping Leblon com uma amiga escritora, hoje bem mais famosa e merecidamente apreciada, quando ela me surpreendeu com a declaração de que adorava o funk e tudo o que ele significava. O funk era um instrumento importante, minha amiga afirmou, para que as mulheres (especialmente nos bairros mais pobres do Rio de Janeiro, onde o gênero é muito popular) pudessem reafirmar sua independência e energia, e por que não dizer, perseguir a igualdade social.

Fiquei espantada de verdade. Para mim, o funk é associado a um estilo musical que enfatiza letra por letra, quer dizer, em cada letra de seus versos controversos, o que as pessoas esta semana estão chamando de "cultura do estupro", um slogan que se espalhou nas redes sociais com a rapidez de um rastilho de pólvora, adquirindo em seu caminho novas e surpreendentes associações com as ideias de esquerda que ainda lutam para prevalecer no país, apesar da indiscutível legalidade do processo de impeachment.

— Mas as letras são tão violentas — argumentei na época. — Tão prejudiciais para os valores femininos.

Não consegui convencê-la, e honestamente duvido

de que conseguirei convencer muitos de vocês de tantas coisas que hoje em dia me espantam, talvez porque eu mesma me espante com frequência com o meu novo, recém adotado "arsenal" de ideias e conceitos morais conservadores.

Antes de prosseguir, deixem-me concluir com alguns pensamentos sobre a cultura do fun... ops, do estupro. Semana passada, uma garota de 16 anos apareceu num vídeo divulgado em algum lugar na internet (eu mesma não assisti). Estava nua, deitada inconsciente numa cama suja, enquanto uma voz masculina em off dizia algo como "Amassaram a mina, intendeu ou não intendeu? [sic]" — a quantidade dos que "amassaram a mina" variando no noticiário de cinco a 33.

Não resta nenhuma dúvida de que um evento desses constitui um pesadelo moral, embora não seja uma raridade nesse tipo de ambiente, onde consumo de drogas, sexo grupal e um tipo específico de rap violento são coisas rotineiras. Mas nesse caso em especial, quero ressaltar a rapidez com que dele se apropriaram os defensores da "afastada", que sem demora o associaram a "um governo retrógrado que excluiu as mulheres e está planejando cancelar os programas sociais", entre outras coisas.

Cheguei a ler o seguinte comentário, se referindo ao presidente interino e à nova Secretária da Mulher que inicialmente se declarou contra o aborto legal: "Que desgraça se abateu sobre nós... puta merda... e o canalha ainda manda tirar o "presidenta" [sic] de todas as comunicações oficiais... que machista escroto... caraca!"

Caramba. Contrariando a "cultura da mandioca", o "canalha" que nos governa tem na verdade demonstrado que ama o português, com mesóclise e tudo. Que atraso, não é?

E assim temos vivido, acredito, nestes tempos que poderiam ser definidos como "governados pelas redes sociais". O que era antes domínio de análises bem-informadas e bem fundamentadas, hoje foi tomado pelas opiniões superficiais e apressadas que podem "colar" ou não, dependendo, não da validade de seu conteúdo, mas do número de seguidores de seu autor. O que termina resultando numa mixórdia descontrolada de fatos e numa forma deturpada de conhecimento amplamente aceita como verdade, numa velocidade correspondente à de sua "viralização".

Agora voltemos a algo bem mais básico, mais estabelecido e muito mais perigoso que tive que enfrentar nas últimas duas semanas, enquanto editava um livro cujas ideias reiteram com entusiasmo tudo o que venho criticando nos últimos tempos, e que tanto vem me incomodando, como a ênfase que vem sendo dada a "novas configurações familiares" e vários "tipos de pai". Sofri mais ainda porque não posso deixar um livro de lado simplesmente devido ao fato de que seu conteúdo me incomoda, muito pelo contrário. Sou pela absoluta liberdade de expressão, o que, por outro lado, inclui a minha própria. E tendo dedicado todo o cuidado à edição do material, me sinto agora no direito de exercer a minha crítica.

Feita essa ressalva, lembro que os textos acadêmicos de que o livro se compõe são, como todos os textos acadêmicos, baseados em outros textos já publicados faz tempo, o que nos leva a concluir que a atual revolução dos gêneros já vem de longa data, e está muito mais enraizada na nossa psique "moderna" do que poderíamos supor, coincidindo talvez com a revolução feminista que ocorreu há quase 50 anos. Isso mesmo.

Eu até poderia, em princípio, aceitar arranjos familiares "não-tradicionais", mas fiquei revoltada com o fato de que, para tornar esse "novo" tipo de liberdade aceitável, a principal estratégia dos referidos autores é destruir o vínculo natural que existe entre uma mãe e o cuidado de seu filho durante o período de lactação. Me desculpem se estou me repetindo, mas nesse contexto específico o instinto maternal é descrito como um "biologismo" prejudicial, uma linha de raciocínio muito perigosa, na minha opinião. Se permitirmos que ela floresça, pode ser que num futuro próximo ela acabe resultando no abandono do velho (e *ultrapassado*) hábito de gerar crianças através do coito heterossexual, um fato da natureza que, se assim eu puder insinuar, deve deixar muitos "revolucionários do gênero" bastante irritados. Como assim, deixar que a natureza aja assim, tão despoticamente?

Um detalhe que deixa muito claro um certo tipo de "desvio feminista" é o uso insistente do formato "os(as)" que resulta, simplesmente, em péssimo português. As autoras mulheres, que constituem maioria no campo da Psicologia, parecem tão preocupadas com detalhes gramaticais insignificantes (como, por exemplo, o fato de que em português todas as formas no plural são masculinas, o que qualificam como uma "injustiça" semântica) que, através de seus conceitos e afirmações, acabam por ignorar o fato de que não apenas estão permitindo, como estão na verdade incentivando a formação de um contexto social no qual os pontos fortes e o poder natural das mulheres estão sendo simplesmente negados em favor de "outras minorias". Em outras palavras, certos grupos minoritários estão tentando se apossar das nossas exclusivas características biológicas, tão antigas quanto a própria humanidade, em nome de não sei bem o quê. Isto é, daquilo que nomeiam como "liberdade de gênero", um conceito de gênero completamente desvinculado das limitações de nossas características sexuais.

Num dos ensaios que editei, a autora cita determinado pesquisador, bem famoso na área, por sinal, que em tese estudou a família humana através dos tempos por meio de imagens, e chegou à conclusão de que essa configuração de família hoje dominante (mas não por muito tempo, esperam ardentemente os "ativistas sociais") não é determinada pela natureza, referindo-se ao fato de que apenas "recentemente" essa ideia de um núcleo familiar heterossexual e monogâmico nos foi "imposta". Substituindo, por exemplo, o hábito medieval de "vender crianças para as guildas feudais"; isso, para não mencionar várias formas de poligamia que raramente beneficiavam as mulheres, para não dizer nunca.

Mas claro! É o que se chama "evolução dos costumes"!

O mais triste de tudo isso é que tais teóricos(as) são bastante eficazes em "tomar parte pelo todo", isto é, em usar o argumento de que se "alguma coisa é verdade para uma *parte* de determinada situação, então é verdade também para a situação *toda*", uma técnica de redação denominada "falácia da composição". Em outras palavras, são fatos tomados fora de seu contexto original, prática também bastante comum na política.

No caso dessas admiráveis novas feministas, elas estão na verdade correndo o risco de cair em suas próprias armadilhas, e se ainda não caíram, cairão em breve. E a gente cairá junto, se não fizermos algo rapidamente. A humanidade está correndo perigo, meus amigos, e não consigo imaginar de jeito nenhum como alguns humanos felizardos poderão se beneficiar disso. A não ser, é claro, se dermos rédea solta para teorias de conspiração que incluem "um governo global", a eliminação do dinheiro vivo e coisas do gênero, tudo cuidadosamente planejado para nos libertar do peso de nossa força individual, do nosso poder de escolha.

— Agora é tarde — Alan lamentou. Enquanto eu escrevia esta crônica ele estava assistindo a documentário assustador sobre a DARPA, uma "agência militar americana de pesquisas de segurança máxima", assunto de um livro que será publicado semana que vem nos Estados Unidos. Alan seguiu me explicando como a ciência e a pesquisa comportamental já foram longe demais para voltar atrás em experimentos que tentam alterar o cérebro humano, incluindo o uso de "chips cerebrais" em recém-nascidos e outras coisas igualmente assustadoras.

Juntar farinhas tão diferentes num único saco pode ser um verdadeiro perigo, um alarmismo totalmente injustificado de minha parte, admito. Mas não é tão diferente dessas técnicas psicológicas que estão sendo empregadas para nos engabelar, com o apoio nada disfarçado, mas nem por isso identificado, do poder de doutrinação recentemente acumulado pelas redes sociais.

Do ponto de vista pessoal, tenho me sentido cada vez mais à vontade com meu novo conjunto de crenças retrógradas. E daí? E apesar de não estar incluída entre os 400 escritores famosos, donos do pensamento contemporâneo — isto é, do pensamento da esquerda —, que esta semana assinaram nos Estados Unidos um "manifesto em favor da preservação da ética e da liberdade" e outras palavras de ordem semelhantes, posso garantir que existem outras mentes brilhantes por aí que pensam como eu. Pessoas que, no entanto, talvez não sejam tão inclinadas assim a "assinar manifestos", como ocorre com os luminares mencionados.

Vou terminar me limitando a citar os significados de "funk" número 2 e número 3 listados no dicionário em inglês, já que a palavra "funk" constitui um anglicismo legítimo: (2) um cheiro forte, normalmente desagradável; e (3) um estado depressivo, mau humor, fossa; encolher-se de medo.

É isso aí, amigos queridos. Com tudo isso que temos enfrentado, estou numa fossa de fazer gosto, e fazendo o máximo para não me encolher de medo. O que significa, simplesmente, seguir vivendo.

Como, aliás, estamos todos fazendo. O que não tem remédio, remediado está, não é mesmo?

***

Uma nota: depois que a crônica estava pronta, José Eduardo Agualusa avisou no Facebook que o meu comentário estava errado, e que "presidenta" existe e consta do dicionário. Ele está certo. De acordo com outro escritor, o especialista em língua portuguesa Sérgio Rodrigues, em artigo publicado na *Veja* em 2001, "não está errado usar 'presidenta' como feminino de presidente, assim como não está errado tomar presidente como palavra de dois gêneros, invariável. Esta é a forma dominante, aquela uma variação emergente".

DESAFIOS

"É preciso toda uma aldeia para educar uma criança", afirmou Hillary Clinton esta semana, em seu "discurso de vitória" como candidata oficial do Partido Democrata à presidência dos Estados Unidos. Um "passo histórico", diriam alguns, sendo Hillary a primeira mulher nomeada por um dos (dois) grandes partidos americanos.

Pode até ser um grande passo para nós, americanos — como imigrante, já me vejo integrada ao "povo americano", imaginem — mas, vamos combinar: do ponto de vista global, fomos deixados muito para trás. Até mesmo o Brasil, terra onde cresci, já teve uma mulher na presidência, e todos sabemos como isso terminou. O que não muda o fato de que Angela Merkel, por exemplo, seja uma grande líder, com seus altos e baixos na briga europeia por um "mundo mais civilizado". O que, por sinal, não está dando muito certo, para nem mencionar que no mês que vem a Comunidade Europeia estará enfrentando uma séria ameaça à sua existência, com a ideia da saída da Inglaterra e tudo o mais.

O que nos leva a concluir... coisa nenhuma. Apesar de ser muito incrível que as mulheres hoje em dia se sintam livres para se candidatar e até conquistar os postos mais elevados do planeta, isso não quer dizer que serão mais eficientes, ou iguais, ou piores do que um homem na mesma posição. Há mal e bem, gente boa e gente má em todos os segmentos da raça humana, é isso aí.

Pois é, fiz de tudo para evitar o termo "minoria", porque, afinal de contas, não faz nenhum sentido chamar de minoria o que constitui por volta de 50% da humanidade, não é mesmo? Isso também precisa mudar.

Voltando ao discurso de Hillary, eu nunca tinha escutado o ditado que ela mencionou (lembrem-se, agora sou estrangeira, sempre meio por fora, algo que Alan não cessa de me cobrar e de por isso me criticar), então fui rapidinho ao Google para me informar, e encontrei uma coisa ou duas.

Embora essa origem seja controversa, descobri que se trata de um provérbio africano, do qual Hillary, que na época era a primeira-dama americana, parece ter se apoderado para usá-lo como título de seu livro publicado em 1996, *It Takes a Village* [*É preciso toda uma aldeia*, não encontrei tradução para o português]. Mais interessante foi ter encontrado uma "falsa citação", muito popular, segundo a qual Hillary afirmou certa vez que "a função mais importante do Estado é ensinar, treinar e educar as crianças. Os pais têm papel secundário".

Será que ela disse mesmo isso? Parece que não. Será que escreveu isso no livro que citei acima? Parece que não. Mas é fato que ela mencionou o ditado africano em seu discurso de vitória. Por que será? Fiquei intrigada.

Por que cargas d'água nós, mulheres, deveríamos defender qualquer tipo de ação governamental que no fim das contas nos seria prejudicial? Prejudicial para o nosso papel de cuidadoras, uma função crucial, indispensável para a família humana?

É fato também que a ideia de deixar a tarefa de educar crianças entregue ao "Estado" é parte integrante do ideário socialista, uma ideia que resulta num maior controle dos nossos hábitos e comportamentos. Nos velhos tempos da criação do kibutz, em 1949/ 50, esse "uso da aldeia como cuidadora principal" era uma prática amplamente disseminada, à qual eu mesma fui submetida quando era bebê, já que nasci em Israel logo depois da Declaração da Independência, num kibutz da Galileia. Como se esperava que as mulheres estivessem tão disponíveis para o trabalho quanto os homens (não me lembro de jamais ter escutado nada parecido com "licença-maternidade" relacionado à época), o cuidado das crianças era confiado (não voluntariamente) a uma mulher específica, numa casa específica, onde todas as crianças viviam juntas. As mães compareciam algumas vezes por dia para amamentar seus filhos. Por outro lado, é importante ressaltar que, pelo que sei, tal prática não é mais generalizada hoje em dia.

Devo confessar que tentei atribuir minhas dificuldades nesta vida a esse começo atribulado. Afinal de contas, é de conhecimento geral que os primeiros três anos de uma criança são os mais importantes para o seu desenvolvimento. Apesar de que, no meu caso, "recriei" minha vida tantas vezes e tão completamente que não dá para garantir que esses três anos tenham realmente me moldado. Enfim, acabei indo a Israel e tentando entrar em contato com a tal mulher "encarregada", que alguém descreveu como muito severa, mas também amorosa. Quando perguntei a ela que tipo de criança eu era, eis o que ela me respondeu:

— Você era uma criança normal, como todas as outras. Quando você chorava, eu simplesmente mandava você calar a boca.

Tá certo. Como estou com 64 anos, e a tal "viagem

investigativa" foi há mais de 20, pode ser que eu esteja rein-
terpretando a resposta dela e a misturando aos meus con-
trovertidos sentimentos a respeito da minha criação e de
tudo o que vivi todos estes anos.

A verdade é que cresci com uma entranhada sensação de medo e insegurança à qual logo me acostumei,
sempre lutando contra a certeza de que, mais cedo ou mais
tarde, acabaria perdendo alguma coisa ou alguma pessoa
importante para mim. E sempre reagi tentando ir longe
demais, me colocando desafios demais, me enfiando em
situações complicadas que, para o meu próprio bem, seria
melhor evitar. Simplesmente não consigo fazer de outro
jeito.

Minha mãe me contou que quando cheguei ao Brasil, com 15 meses de idade, me recusei a andar por um bom
tempo. Mais tarde, já adulta, toda vez que eu olhava para
as minhas fotos de bebê eu enxergava um rostinho triste,
uma postura corporal que parecia sempre estar rejeitan-
do a proximidade do outro. Isso me perturbava tanto que,
como diria um amigo das antigas, acabei "ritualizando" as
fotos. Em outras palavras: queimei todas.

Mas por que lembrar agora todas essas sensações?

Não sei exatamente. Como diz o Alan, "as coisas me
vêm" quando estou escrevendo ou algo assim, embora eu,
na verdade, me recuse a acreditar nisso.

De um jeito ou de outro, foi o que me veio à mente
no momento em que escutei Hillary mencionar o tal ditado, então eis a minha resposta: não é preciso uma aldeia
inteira, nem um Estado, e muito menos nenhuma ideologia para se criar uma criança. Descontando a educação
formal, que é importante, só é preciso um bom par de pais
amorosos e bem estruturados — pais biológicos, sempre
que for possível — muitos abraços e "eu-te-amos", palavras

carinhosas apoiadas por gestos amorosos, não importando a "teoria de comportamento" em voga.

Não é impossível que uma criança educada num ambiente hostil venha a se tornar um adulto equilibrado, equipado para a felicidade. Já vi crianças diagnosticadas com ADD, ou ADHD ou coisa que o valha (diagnósticos de déficit de atenção) e medicadas de acordo, que mesmo assim se viraram muito bem. Tudo bem.

Por outro lado, fico pensando por que os jovens hoje em dia parecem tão perdidos, tão dispostos a aceitar a violência e crenças duvidosas, tão negativamente inclinados a rejeitar a reflexão e o pensamento profundo, meios criativos para se transcender a dureza da vida — fiquei surpresa e chocada no outro dia quando vi um leitor do *New York Times* acusando o autor de um ensaio filosófico de "viver numa bolha". Como isso irá se refletir quando tiverem seus próprios filhos? Ou, afinal, qual será o resultado de nossa disposição de nos destacar da natureza? Não tem como saber; o jeito é esperar para ver.

Enfim, achei que deveria escrever sobre isso e pronto. E enquanto estava imaginando o que escreveria, topei com um vídeo que se tornou viral mostrando um garoto de seis anos chorando, desesperado, por conta de um outro vídeo que tinha visto na escola e que mostrava como a humanidade está "destruindo as florestas e matando todos os animais". Ele deu sorte (ou não) de não terem mostrado a mais séria ameaça ao nosso futuro enquanto humanos; e já que mencionamos o assunto, não é esquisito que estejamos tão preocupados em preservar a natureza e os animais, enquanto fazemos o possível para excluir a nós mesmos desse ambiente? Enquanto, literalmente, lutamos contra a dádiva da natureza para cada um de nós? Experiências com animais e testes de drogas em cobaias de laboratório são tidos unanimemente como crueldade. Ao mesmo tempo, não temos nenhuma objeção a seres humanos que se sujeitam a todo tipo de tentativa maluca no sentido de alterar seus corpos e até mudar de sexo.

Não dá para entender. Nesse meio tempo, acredito que seja importante, inclusive como posicionamento político, lutar pelo nosso direito de crescer do jeito que nascemos, para preservar o direito de uma criança a uma família amorosa, a salvo de "experimentos sociais". Falando nisso, é assim que vejo a atual "loucura de gêneros": sim, um "experimento". Apesar de saber, certamente, que essas mesmas ideias acabarão sendo usadas contra mim. Afinal de contas, ninguém tem o direito de nos dizer de que jeito e para o que nascemos, ou de definir o que exatamente constitui uma "família amorosa".

Para começar, acho importante deixar a "aldeia" de fora quando se trata de nossa vida privada, da nossa individualidade. Liberdade é isso!

E para terminar, acho importante lembrar que a atual "revolução dos costumes" começou há 50 anos com atos de desobediência civil. É espantoso constatar que, neste momento, estejamos apelando, implorando ao Estado para interferir em nossos mais íntimos dilemas.

DE VOLTA PARA O FUTURO

De volta aos dias tenebrosos nos quais mamãe estava apenas começando sua longa luta contra o alzheimer (com minúscula, por favor), contando histórias delirantes, versões recentes de seu passado, me lembro de ter me espantado quando percebi que tudo que ela dizia tinha um forte aspecto negativo.

Tentei entender. Se ela estava de fato reinventando sua vida, por que não fazê-la melhor do que tinha sido? Ao contrário, fazia questão de afirmar que eu a odiava, que eu e meu irmão nos odiávamos mutuamente; tenho até uma vaga lembrança de ela ter deplorado seu casamento com meu pai, que eu sempre acreditara ter sido perfeito. (Prefiro deixar quieta a memória de meu pai como um homem maravilhoso. Que ele descanse em paz. E ela também.)

Lembrei-me dessas histórias tristes enquanto refletia sobre o estado deplorável em que se encontra a nossa sociedade contemporânea. Por que, quando e como nos tornamos tão negativos? Tão violentos? Parece que uma nuvem negra de pensamentos flutua permanentemente sobre as nossas cabeças; de vez em quando, alguém pega um deles e o materializa. Na falta de motivo melhor, pelo menos para justificar nosso extremo mal-estar com a civilização, algo que Freud detectou já em 1929, ano em que nasceu minha mãe — a coincidência chamou minha atenção.

Comecei a escrever esta crônica pensando em criticar os celulares e a cultura da internet como as armas que na verdade nos ameaçam, possíveis responsáveis pelo problema da violência e da radicalização, mas com que objetivo, eu não saberia dizer. Nossas vidas, a minha incluída, são tão completamente dependentes desses avanços tecnológicos que não vejo um jeito de escapar, ou passar a evitá-los. E por que faríamos isso, afinal? É a natureza humana que se mostra intrinsecamente má. Olhe em volta e você verá como sempre damos um jeito de avacalhar nossas melhores conquistas e criações. A mente doente de mamãe nada mais é do que um bom exemplo dessa tendência. Tudo bem, admito, devo estar com um humor de cão.

Vocês acreditam que a culpa é do islamismo? Acreditam que o islamismo (radical) deve ser tachado de ultrapassado, atrasado, uma cultura medieval que nunca deveria ter saído da gruta da Idade Média onde foi criada?

Eu sim. No entanto, para minha surpresa, estava com Alan no carro quando ouvimos uma entrevista sobre como a lei islâmica, a Sharia, foi na verdade imposta aos países muçulmanos há bem pouco tempo. "Nos anos 1950", escutamos, "as grandes cidades do Oriente Médio eram cosmopolitas, animadas, suas mulheres vestidas do mesmo jeito que todas as demais mulheres do mundo, uma liberdade total". Incluindo uma comunidade gay em Alexandria, por exemplo, um fato que o entrevistado corroborou citando a "Série Quarteto de Alexandria" de Lawrence Durrell (acrescentei "Série" para soar mais moderna, embora, aparentemente, o Médio Oriente, com a óbvia exceção de Israel, fosse bem mais moderno naquela época).

Durrell entendia do assunto, já que foi adido de imprensa da Embaixada Britânica no Cairo e em Alexandria durante a Segunda Guerra.

Então, o que aconteceu, e como? Se eu pesquisasse a fundo certamente descobriria, mas não é este o meu objetivo. Só quero saber por que, no final das contas, estamos sempre prontos a desistir da esperança e da felicidade. Como é possível que estejamos tão comprometidos com a desgraça e nos deixando contaminar por ela?

Outra coisa interessante é que temos a tendência a acreditar na primeira "versão da verdade" com que nos deparamos, coisa que entendi bem melhor quando comecei a usar o Twitter... na semana passada. Além de nos sentirmos sufocados pela quantidade de tuítes (não acredito que com vocês seja diferente), somos também afogados por um tsunami de mensagens equivocadas que entram direto na nossa psique, de onde dificilmente serão erradicadas. *Et voilà*, lá vamos nós levados a acreditar em falsas afirmações que nunca deveriam ter visto a luz da tela.

Entendam, não estou insinuando que as pessoas mintam no Twitter, não é isso (a não ser algumas poucas, é claro). São apenas mal informadas, porque acho impossível que qualquer pessoa possa ter uma noção clara de um acontecimento que envolve múltiplos fatores uns cinco segundos depois de ter ocorrido. Parece haver um tipo de concorrência para ver quem tuíta ou retuíta primeiro, e ninguém se incomoda com a exatidão da informação (um exemplo simplista e irrelevante é o fato de terem anunciado a princípio que 50 tinham morrido no ataque em Orlando, quando o real número de mortos foi de *apenas* 49). "Apressado come cru", tentei explicar sem sucesso no meu texto em inglês; a tradução mais adequada seria "Só os idiotas se apressam".

Quem seriam então esses idiotas?

Um exemplo mais irrelevante ainda, mas crucial para mim, é que nos recusamos (você, por exemplo, que nunca lê o que eu escrevo) a ouvir a verdade quando é dita por alguém que não seja considerado um especialista, com milhões de seguidores nas redes sociais. Foi mais fácil espalhar a ideia de que atletas e visitantes seriam com certeza contaminados pela zika durante as Olimpíadas — por um tempo foi esta a "versão oficial" — do que dar um crédito quando escrevi que não tem mosquito no inverno do Rio, a atual "versão oficial" divulgada pela OMS. OMG!

Tarde demais para muita gente. Infelizmente, os Jogos do Rio estão prejudicados, assim como as aspirações de tantos atletas que treinaram intensamente por quatro anos, para os quais o Rio é a última oportunidade de uma medalha. Azar deles.

Precisamos mudar nosso jeito de reagir, esta é que é a verdade, nossa disposição de aceitar tudo o que lemos na internet. Vamos combinar, só os idiotas aceitam as primeiras versões superficiais dos fatos, e só quem não pensa passa adiante esse tipo de desinformação que nos deixa em estado de alerta.

Não sou exceção. Também passo tudo adiante. Também passo os dias em estado de alerta constante. Mas ando tão cansada de estar sendo o tempo todo provocada que já estou prevendo como isso tudo vai terminar: mais cedo ou mais tarde vou decidir parar.

E aí? Vou fazer o quê? Não faço a menor ideia, meus amigos. Passo a vida na internet como todo mundo, e custo a imaginar uma solução para essa dura realidade, que, por sinal, só tende a piorar. Talvez o único jeito seja tentar controlar o que compartilhamos.

Não devemos acreditar em qualquer coisa que se

propaga. Devemos aguardar até que o eco barulhento de tantos compartilhamentos se acalme, de preferência desapareça de nossas telas. Pode ser que depois disso estejamos aptos a debater os verdadeiros problemas, como o caso da bandeira do ISIS nos celulares, possíveis deflagradores de ataques terroristas, como "revelou" Donald Trump — se é verdade não sei, mas que é uma excelente metáfora, lá isso é.

Sei muito bem que comparei nesta crônica dois elementos que não têm nada, ou talvez tenham tudo a ver: nossa tendência a piorar as coisas e nossa disposição de compartilhar tudo, mesmo que seja apenas um palpite. Se pudéssemos mudar isso, pode ser que veríamos mais arte, mais beleza, mais amor nas redes sociais, em vez de tiroteios e ataques terroristas. Os autores desses horrores passariam então a ser exceção, limitados à sua insignificância e engasgados com sua própria obscuridade, jamais retuítados e solenemente ignorados. Mas, infelizmente, já fomos longe demais. E agora eles estão entre nós, usando as mesmas ferramentas de comunicação.

Por isso mesmo, é online que devemos declarar nossa guerra, lutar nossas batalhas de retorno ao nosso lado humano, já que o inimigo vive online como nós. Através do dinâmico espaço das redes sociais, conseguimos finalmente driblar aquele filtro mental que Aldous Huxley descreve tão bem em *As portas da percepção*, um efetivo instrumento de proteção cerebral que deveríamos valorizar, em vez de desejar que ele desapareça de uma vez.

Saber demais, francamente não tem nos beneficiado em nada. Na verdade, andamos cegos e surdos, sobrecarregados de informação que nada significa e que mal conseguimos processar. No entanto, com a exceção de um Oriente Médio "irremediavelmente" rendido à lei islâmica, não se pode retroceder no tempo, e precisamos seguir em frente. Como? Diga aí quem souber.

E já que ninguém aguenta tanto sofrimento o tempo todo, vou contar uma história engraçada. Lembram que eu escrevi lá em cima sobre a entrevista no rádio? Pois é. Alan e eu estávamos indo visitar uma obra para conferir o trabalho de um empreiteiro que queremos contratar. O mapa estava no carro, e fui guiando o Alan passo por passo, prestando o máximo de atenção, eficiente como sempre, sabem como é. Depois de uns 50 minutos dirigindo, chegamos ao local, só que... não era lá. Havia dois mapas diferentes no carro, e eu tinha escolhido exatamente o mapa errado, dá para acreditar?

Só nos restava respirar fundo, dar meia volta, voltar a Greenville, e depois de atravessar a cidade prosseguir mais outro tanto na direção oposta até chegar ao lugar correto, depois de mais outra hora e meia dirigindo.

Conclusão: é preciso atentar o máximo possível para o mapa que estamos seguindo. Espero sinceramente que encontremos o nosso caminho. Tenho certeza de que nos levará para bem longe deste cada vez mais insensato mundo conectado.

Política de proveito próprio

Conforme revelado na semana passada, uma antiga rival de Hillary na busca pelo amor de Bill está saindo do armário de forma bombástica: "Hillary Clinton certa vez chamou crianças deficientes numa festa de páscoa de 'retardados desgraçados', referiu-se aos judeus como 'judas idiotas' (desculpem, mas não consegui encontrar em português um termo tão pejorativo para descrever os judeus como o que Hillary usou: '*kikes*'), enquanto Bill chamou Jesse Jackson de 'crioulo filho da mãe'", são alguns dos "temas" que ela apontou em seu livro recentemente publicado.

No início desta semana, por conta de uma reunião, fui correr mais cedo que o de costume, e em vez dos costumeiros restos humanos da série "Bones" fui forçada a assistir outra série que hoje em dia acho sem sentido, "Supernatural". O episódio estava na metade, e como não assisto nunca, não dava para entender, só pela aparência, quem era mocinho e quem era bandido na eterna batalha entre o bem e o mal. A certa altura, um dos personagens disse o seguinte: "Bem que eu te avisei que ela era do mal. Você devia ter me escutado. Agora é tarde, estamos lascados. Vai ser um inferno!" Literalmente.

Quando eu era jovem, chegada à espiritualidade — me considerava uma "xamã" e criava "joias de poder", podem acreditar — e inclinada para o lado da esquerda — que para mim era obviamente o "lado certo" — fiz um juramento para mim mesma de nunca mentir. Funcionou por um tempo, mas tive que cortar um dobrado para me desvincular da minha educação: minha mãe sempre me ensinou que uma "mentirinha carioca" de vez em quando não faz mal a ninguém; e uma tia que sempre considerei minha segunda mãe fez o que podia para destruir minhas "iluminadas" ilusões, afirmando que "neste mundo, só o dinheiro importa".

Pois minha tia finalmente venceu. Esta semana, imaginem, fiquei com preguiça de sair lá fora para "comungar" com a Lua Cheia do Solstício. No final das contas, é só mais uma lua cheia.

Tudo bem. Como já insinuei mais acima, meu "juramento" não durou muito. Em certo momento tive uma experiência definitiva, enquanto trabalhava como diretora de arte numa agência de publicidade, numa reunião do tipo "comunitária" que estava na moda naquela época — capitaneada, aliás, pela hoje famosa Regina Navarro Lins, aquela do "poliamor". Regina nos encorajou a dizer qualquer coisa relativa aos colegas de trabalho que estivesse nos incomodando. Fui a única ingênua o bastante para dizer o que estava sentindo.

Foi um desastre. Embora popularidade nunca tenha sido o meu forte, depois das minhas desajeitadas confissões fiquei mais impopular ainda. Minha presença se tornou insustentável, e acabei saindo da agência.

Hoje em dia, sem nenhum juramento para me perturbar, fico à vontade para dizer o que quiser, do jeito que eu quiser. Mas ainda luto para desviar o olhar daquilo que considero verdadeiro. Em geral prefiro ser honesta, mas, vamos combinar, isso não tem me ajudado muito. Principalmente se considerarmos que preciso ganhar dinheiro.

No Brasil, país que deixei para trás mergulhado numa imensa crise política e econômica — eu deveria acrescentar "moral e ética", mas acho que não daria para suportar —, ficou bem fácil entender quem estava do "lado certo", apesar do barulho feito pela esquerda, "esquerda retrógrada", como se diz por aqui. Tornou-se impossível para uma pessoa bem-intencionada ter dúvidas sobre se aqueles que são culpados de uma monstruosa corrupção, lavagem de dinheiro — não é de espantar que a ação da Polícia Federal que os está desbaratando seja chamada de "Lava-Jato" — e, pior, de levar o país à bancarrota, são ou não são os "caras certos". Mesmo que a tendência de muitos, particularmente os intelectuais e especialistas, seja para a esquerda, e apesar de a "receita" deles estar claramente falhando. No mundo inteiro.

Entretanto, agora que estou fora de casa, sozinha no imenso e malvado mundo — honestamente, eu não esperava que fosse tão malvado — as coisas já não parecem tão claras. E apesar de me sentir compelida a observar, analisar e emitir minha desinformada opinião terceiro-mundista, estou bem consciente do meu conhecimento insuficiente, do choque que sinto ao ser confrontada todos os dias com a hipocrisia, de minhas surpreendentes reações automáticas que sinto vergonha de compartilhar no Twitter. O que, é claro, faz de mim uma hipócrita a mais.

E aqui estamos. Esta é uma semana crucial para o destino do mundo, com a vitória do Brexit, determinando a saída da Inglaterra da Comunidade Europeia. O resultado parecia duvidoso, principalmente depois do indubitavelmente horroroso assassinato da parlamentar inglesa Jo

Cox, que tornou as opiniões contrárias ao que ela advogava monstruosamente equivocadas. E mesmo que eu tenha poupado os meus leitores da minha opinião politicamente incorreta, por conta da qual eu mesma me odeio até esquecer que existo, ainda assim a saída da Comunidade venceu o plebiscito.

Como uma eterna estrangeira neste imenso e malvado mundo, me sinto como um morcego, voando no escuro e contando apenas como a minha bússola interna para me orientar. E pior, prestes a me transformar em vampiro.

Infelizmente, essa tétrica escolha não é exclusividade minha. O famoso Airbnb, por exemplo, considerado a "joia da coroa da nova economia", está sendo asperamente criticado porque alguns de seus associados se recusam a alugar suas casas para certos pretendentes; mas, vamos combinar, ninguém pode ser forçado a receber em sua própria casa alguém de quem não goste. No campo do social, pega mal denunciar alguém com base em "suspeita de raça", mas, por outro lado, se o FBI não tivesse dispensado a ficha de Omar Mateen, o ataque de Orlando talvez não tivesse ocorrido. Morcegos. Vampiros. Sabem como é.

Voltando a Hillary: no final das contas, você votaria numa pessoa que oculta seu racismo para conquistar o voto dos "moralmente superiores"? Ou seria melhor votar em alguém que usa em seu discurso um racismo que não sente, só para conquistar o voto da escória americana? Escolha difícil.

Enquanto isso, correndo na esteira (a uma velocidade bem superior do que na verdade aguento, devo admitir), escrevendo este texto na cabeça e assistindo a "Supernatural", tudo ao mesmo tempo, não admira que acabei me distraindo e nem percebi quem venceu a honorável batalha do bem contra o mal. Super natural, não é? Acontece o tempo

todo no nosso multitarefa, palpiteiro e excessivamente conectado mundo sem fronteiras, e muito menos limites.

***

Uma nota: embora a crônica já estivesse pronta com
o título "Todo mundo mente", acabei inspirada pelo slogan
de Donald Trump num de seus discursos esta semana, no
qual ele acusou Hillary de praticar a "política do proveito
próprio" enquanto estava a serviço do país como Secretária
de Estado do governo Obama. Francamente, nós, brasileiros, podemos ensinar aos americanos uma coisa ou duas
a respeito dessa tal política, que de um jeito ou de outro
sempre termina mal.

A GRANDE FARSA DA PAZ

Numa terrível manhã de setembro no Rio, em 2001, eu estava assistindo à TV no vestiário da academia quando houve um vago alerta de que algum acidente havia ocorrido.

— O que aconteceu? Caiu um avião? — perguntou a Odete, muito preocupada. Seu marido estava nos EUA em viagem de negócios.

Entramos em pânico na mesma hora. Corri para casa, larguei as compras no chão da sala e disse à minha mãe:

— Tem algo acontecendo, liga a TV!

Ainda conseguimos ver ao vivo quando o segundo avião bateu.

— Ai, meu Deus. Ai, meu Deus — era tudo o que eu conseguia dizer, antes de cair no choro. O mundo como o conhecíamos tinha acabado.

Nas horas que se seguiram, o desastre nos afetou pessoalmente. O pecúlio da minha mãe, herdado do meu pai, estava em boa parte investido em ações do Bradesco, que simplesmente desabaram em questão de minutos. Nossos bens tinham desaparecido. Não sabíamos o que fazer.

Não havia mais um claro futuro à frente, e não estou me referindo à economia. Estúpido.

Hoje, terrorismo e economia se juntaram novamente na mesma semana de notícia aterrorizantes, tudo bem, o terrorismo não estava em pauta até terça-feira. Só que estava, sim. A onda imigratória que trouxe consigo o medo de terrorismo e da competição por empregos e salários foi a verdadeira motivação por trás do Brexit, pelo menos é o que estão dizendo.

— O ataque terrorista na Turquia foi ontem ou anteontem? — perguntei para o Alan, enquanto começava a escrever a crônica.

Vocês hão de concordar comigo: tem sido um desafio para uma pessoa comum seguir as notícias atualmente, quando o mundo parece de repente ter virado de ponta-cabeça.

Fui a favor da saída da Inglaterra, devo confessar, nem sei bem por quê. Apenas senti que algo precisava mudar. E apesar do choque inicial da "vitória" — exatamente como outros "separatistas" nunca esperei que a opção vencesse —, agora posso ver a mim mesma e às minhas dúvidas sob um viés mais positivo, mais coerente.

No Brasil, eu já vinha presenciando um fenômeno interessante, uma espécie de cisão mental demonstrada por membros da nossa *intelligentsia* que, como esquerdistas tradicionais, não conseguiram suportar a corrupção e os descalabros que tomaram conta do país: apesar de terem ousado se opor ao governo hoje afastado por absoluta falta de opções, continuavam insistindo num programa esquerdista falido quando o assunto era a situação global.

Não era o que eu estava experimentando. Desde que me mudei para os Estados Unidos, acabei enrolada numa onda conservadora à qual não consegui resistir, correndo o risco de me afogar num mar de impossibilidades futuras. No que se refere ao meu próprio futuro e também, ouso afirmar, ao futuro da humanidade.

Mas como é que é?

Claro que nada sei sobre o futuro da humanidade! Que coisa mais absurda!

Meu marido Alan, admito, tem andado obcecado com o passado criminoso de Hillary Clinton, e tenho sido obrigada a conviver com isso.

— Alan, para de me mandar tantos artigos. Não tenho tempo de ler tudo, preciso trabalhar e já passa de meio-dia! — reclamei.

Por outro lado, já passei dessa fase de me submeter à pressão, já consigo tirar minhas próprias conclusões, pesquisar por minha própria conta e agir quase como uma adulta neste vasto e perverso mundo. Embora, é claro, não tenha me tornado uma "especialista". Continuo sendo uma pessoa normal, mediana, que consegue perceber, "sentir o astral" e se identificar com os últimos acontecimentos — em geral, na base da percepção, não da informação.

Será o bastante? É claro que não. Por outro lado, analistas e especialistas me parecem bem perdidos na atual situação, fala sério, apegados às suas próprias ilusões sobre (onde está) o (verdadeiro) poder. Acho engraçado que, num mundo onde reina a "diversidade" no que se refere ao gênero e às políticas imigratórias, a necessidade que as pessoas têm de preservar suas peculiaridades — coisas que as tornam originais, únicas, habitantes típicas de seus países também únicos — tem sido largamente ignorada. Sinto saudade daqueles velhos tempos em que, viajando de férias pela Europa, atravessávamos em poucos dias uma incrível variedade de culturas, uma diversidade impressionante que o suposto conceito de "um mundo unificado" está tentando diminuir, ou, pelo menos, controlar. Estamos ficando pasteurizados, padronizados. Que chatice.

Então me pergunto: por que dois pesos e duas medidas? Por que cargas d'água, neste mundo que valoriza tanto a liberdade, algumas pessoas têm menor liberdade de escolha que outras? Menos poder de decidir sobre suas próprias vidas, sendo forçadas a engolir mais obrigações do que podem entender, ou digerir?

Parece que andamos criando o nosso próprio inferno. É coisa demais da conta para esta simples estrangeira (ui, preconceito), demais da conta até mesmo para uma escritora que pratica seu ofício à margem da "norma progressiva" — uma posição difícil de qualquer lado que se olhe, mais a eterna cobrança interna de "acertar" o tempo todo.

Enfim, não importa o que digam os especialistas, o mundo entrou num período de mudança, e o melhor a fazer é manter a calma, dar uma chance aos fatos, porque, vamos combinar, nossa ansiedade não vai facilitar nada. Pior ainda, num mundo onde todo mundo tem direito à própria opinião, esse "todo mundo" não deveria se limitar a uma percentagem do todo, aqueles que conseguem fazer mais barulho. A "maioria silenciosa" vai acabar se manifestando, na verdade isso já está rolando, é isso mesmo, aquela gente horrorosa que estava sendo discriminada por conta de seu "racismo", "isolacionismo", "preservacionismo sexual". Quem inventou tantos conceitos, afinal, e em seguida os transformou em regra geral?

Toda vez que os padrões de um pequeno grupo são impostos à maioria, pode-se esperar confusão. Precisamos proteger as minorias. Precisamos aceitar os refugiados. No entanto, os que essas categorias "móveis" estão buscando é justamente uma qualidade de vida privilegiada que vai acabar desaparecendo, caso o lugar e a cultura almejados não consigam integrá-los satisfatoriamente. No final das contas, não vão conseguir o que estão querendo, e também por isso se deveria buscar a moderação. Por falar nisso, é o que espero como resultado final do Brexit: mais moderação e menos obrigação.

Devo confessar que, na verdade, o que chamou minha atenção nesse caso do plebiscito inglês foi um alerta que li no Twitter, escrito por uma mulher e denunciando um movimento favorável à implantação da Lei de Sharia na Europa. Foi o que me apavorou, pensem bem: menos de 140 caracteres decisivos motivaram minha escolha de que lado "apoiar".

Quanto ao pânico dos mercados, já começou a se acalmar, exatamente como ocorreu em 2001. Depois que a poeira baixou, seguiu-se um período de crescimento, e as ações da minha mãe não apenas se recuperaram, mas excederam seu valor original. Apesar disso, a ideia de que vivemos num mundo perigoso só tem feito crescer desde os ataques de 11 de setembro, e algo precisa ser feito quanto a isso.

Não acredito num mundo sem fronteiras. Não gosto da ideia de ser invadida em minha própria casa, e não acho que isso seja um crime: trata-se apenas de uma vontade, baseada no bom senso, simples assim. Não acredito numa Europa fortemente centralizada, num poder central superior ao nacional como condição para a paz e a prosperidade, simplesmente porque se trata de uma premissa falsa. Como se viu recentemente, tendo a opção de escolher pela preservação de seu espaço individual, as pessoas optarão por isso. Quando se fala de limites pessoais e bem-estar geral, o ditado "pense globalmente e aja localmente" deveria ser interpretado como "mantenha a sua integridade física ao se relacionar online com o mundo inteiro". O mundo sem fronteiras deveria se limitar ao "inconsciente coletivo" materializado, simbolizado pela internet — uma troca de conhecimento e informações benéfica para todos e para o progresso geral —, mas sempre preservando um senso de privacidade real, bastante crucial.

Essa ideia de oferecer um plebiscito ao povo inglês foi analisada como um "passo em falso" do primeiro-ministro Cameron, tendo em vista que o resultado final acabou prejudicando suas ambições políticas. Porém, apesar das manobras, dele e de seu partido, a história tinha outros planos, bastante surpreendentes. Na minha opinião, essa ideia de paz vinculada a um mundo sem fronteiras é na verdade uma "paz em falso", ops, desculpem.

A paz precisa vir de dentro. Numa perspectiva de longo prazo, jamais poderá ser imposta, muito menos se tal imposição vier de cabeças pensantes desvinculadas das realidades de cada um, de ideias cheias de "boas intenções teóricas" que pouco têm a ver com o cotidiano de gente simples e desprezada, que insiste em seguir vivendo suas vidinhas descomplicadas.

As pessoas não querem isso, e ponto final. Pode ser que a ideia de ouvi-las não seja tão ruim, afinal, Depois do choque inicial, "cuide da sua própria vida", "pense no bem-estar da sua família" e "o desejo da maioria" talvez não sejam noções tão bobas e equivocadas como querem os "líderes do mundo moderno". No final das contas, pode até ser melhor para todo mundo, quem sabe.

Parafraseando a Rainha Elizabeth, esta semana, em visita à Irlanda do Norte: Podemos até nos manter calados, mas "ainda estamos vivos".

GENTE DE SEGUNDA CLASSE

Palavras? Música? Não: é o que há por detrás.
James Joyce, *Ulysses*

Esta semana, um amigo me disse assim, na lata, que se "eu quisesse influenciar o eleitor americano, primeiro precisaria *conhecer* o eleitor americano" (grifei). Ele acabou de publicar um livro com este mesmo objetivo, mas, pô, peraí. Não tenho a menor pretensão de "influenciar" americano nenhum, como poderia? Até agora tenho cortado um dobrado para minimamente entender o *"American Way of Life"* — que extrapolando um pouco eu definiria como "loucura americana" — e me daria por perfeitamente satisfeita se minha (muitas vezes chocada) reação ao que acontece nos EUA provocasse algum espanto. Ou algum interesse pelo que escrevo.

Bem que eu pensei em intitular essa crônica "Cidadãos de segunda classe", mas, vamos combinar, estou longe de chegar a esse ponto. Sou bem menos que uma cidadã nos Estados Unidos, algo que poderá mudar ou não no espaço de uns dois anos. Quer dizer, se eu me "comportar" direitinho e estudar a História americana, aprender quantas estrelas tem a bandeira e por aí vai, além de, é claro, aprender a falar inglês direito.

História? Inglês? De que diabo estou falando, afinal?

Hoje, pelo menos, acredito que muitos americanos estão tão confusos quanto eu por conta da prova definitiva de que existem em torno de 300 milhões de "pessoas de segunda classe" nos Estados Unidos, isso mesmo. Se os Clinton são gente de primeira classe e estão acima da lei (o que, ironicamente, me lembra um dos slogans de Donald Trump, supostamente também adotado pela "supremacia branca": "América em primeiro lugar"), então todo o resto, com a exceção de Obama e alguns de seus "asseclas", é na verdade gente de segunda classe: eu, você e qualquer um que a gente puder lembrar assim de repente. O que inclui até Donald Trump, o infeliz bilionário que achou que estava podendo, e até ousou sonhar para si um futuro político.

Abrindo um parêntese: já pensaram como vai ficar a "Marca Trump" depois que ele for derrotado nas próximas eleições? Coitado. Vai acabar numa situação pior do que a minha. Fechando o parêntese.

Todos esses pensamentos me vieram à cabeça quando assisti ao pronunciamento de James Comey, diretor do FBI, referente à exaustiva investigação sobre os emails de Hillary Clinton, a mesma exata questão que já faz um tempão Bernie Sanders considerou desprovida de interesse. Vai daí que Hillary não vai mais ser indiciada, e lá se vai o sonho dourado dos conservadores (e de alguns independentes) nesta eleição presidencial americana.

— Não se precipite — Alan me aconselhou. — Vamos dar um tempo e ver o que rola.

E ele pode muito bem estar com a razão. O depoimento de Comey acabou saindo tão parecido com uma condenação que até o *New York Times* o descreveu como um "anúncio de ataque por encomenda". Que Donald Trump, por sinal, rapidamente metabolizou num vídeo viral.

Tá certo. Certas coisas são difíceis de se negar. O lado bom disso tudo para a Sra. Clinton, afirmou o jornal, é que "este não é um ano eleitoral como os outros", claro que não. Alguém de fora do espectro político tradicional ousou desafiar os poderes estabelecidos — e também a Sra. Clinton — embora esta pessoa, vamos combinar, não esteja se dando assim tão bem. Além do mais, as pessoas esquecem rápido. Tudo depende de quanto dinheiro for investido no tal anúncio de ataque e na velocidade com que Donald Trump conseguir finalmente "agir como um presidente", o que não deve ocorrer tão cedo, aparentemente.

Numa jogada espetacularmente bem orquestrada (Abertura: Loretta Lynch, procuradora-geral americana, encontra Bill Clinton na pista do aeroporto em Phoenix, Arizona; Adágio: Hillary Clinton é interrogada pelo FBI num sábado de feriadão, 3 de julho; Minueto: James Comey, do FBI, lê seu depoimento ao vivo na TV; e Alegro, *con* Brio: Obama e Hillary fazem campanha juntos na Carolina do Norte), Obama embarcou numa jornada patriótica para eleger Hillary e assim proteger seu amado "legado". Afinal de contas, por sua própria conta ela tampouco estava se saindo tão bem assim.

Testemunhar os dois luminares atuando juntos foi um espetáculo de primeira. A inegável sabedoria política de Hillary (sem a qual ela não teria chegado onde chegou), agora com o reforço do inacreditável, nunca antes visto carisma de Obama, nos proporcionou uma experiência exaltadora. O presidente, a princípio, parecia meio entediado, sentado no pódio um pouco atrás da candidata enquanto ela descrevia as incríveis aventuras por que ambos haviam passado juntos, pilotando lado a lado o avião teleguiado da política americana (só fico pensando quantos de seus aparelhos digitais ela teria usado para atingir seus alvos remotos). Mas quando foi chamado à arena, Obama não decepcionou, entrando instantaneamente na pele do personagem que ele encarnou com rara perfeição, instigando a plateia sedenta: "Hi-lla-ry! Hi-lla-ry!"

Ela olhava para ele com franca adoração (nem estou exagerando, juro) enquanto ele a descrevia como a "pessoa mais preparada, homem ou mulher, que jamais concorreu à presidência dos Estados Unidos". O presidente foi em frente, passando a contar para o público em delírio como ela estava sentada ao lado dele na sala reservada da Casa Branca, enquanto a equipe assistia aos soldados americanos finalmente eliminarem bin Laden do outro lado do mundo. Um momento inesquecível. Menos de duas horas antes, esse mesmo comportamento admirável — o "jeito com que Hillary lidou com informações altamente secretas", de acordo com o FBI — tinha sido descrito pelo investigador-chefe como "extremamente descuidado". Qual versão deveríamos acatar? Como uma recém-chegada, que admira os EUA enquanto nação baseada na lei — em franco contraste com o Brasil, temos que admitir — me senti decepcionada, para dizer o mínimo. Isso, para nem mencionar a "busca da felicidade", conforme determinada pela constituição americana. Foi quando as minhas esperanças começaram a se esvair.

Só fui entender cem por cento a seriedade e as consequências dessa situação, digo, desse descuido de Hillary, quando escutei na Fox News (tudo bem, "mídia direitista") que ela agora estava vulnerável a todo tipo de chantagem e outros violentos ataques de hackers — gente que, infelizmente, não admira os Estados Unidos do jeito que a gente gostaria. Fico cá comigo imaginando se o povo realmente entende tais implicações.

Nesse meio tempo, não muito longe dali, Donald Trump capitaneava seu próprio comício em resposta ao tão ansiosamente aguardado depoimento do FBI. Que, por sinal, todo mundo, incluindo o meu amado marido, esperava que terminasse de outra maneira, isto é, recomendando o indiciamento de Hillary. Mas, aparentemente, a "magia" de Trump tinha desaparecido, eclipsada pelo charme cintilante de seus competidores, que crítica nenhuma, por mais ferina, conseguiria dirimir. Embora desse para perceber alguma verdade no que ele estava dizendo, tudo aquilo soava mais como um blablablá meio sem sentido. Duvido muito que o público presente estivesse prestando atenção.

Devo admitir que meu principal motivo para apoiar Trump é seu estilo direto, seu vocabulário franco, que até mesmo gente de segunda classe como eu consegue entender. Isso mesmo: como imigrante, me sinto como uma pessoa de segunda categoria quase o tempo inteiro, independentemente de estar ou não satisfeita com o rumo dos acontecimentos. Embora, é claro, pudesse ser muito pior: se eu fosse uma imigrante ilegal, seria uma pessoa de terceira, quarta, quinta categoria, o tempo todo assombrada pela ameaça da deportação. Coisa que, aliás, é bem menos frequente do que eu tinha imaginado a princípio.

Na verdade, esses meus pensamentos de segunda categoria — agora, ainda por cima, com um viés de direita — têm aumentado consideravelmente esse meu mal-estar social, do qual um dia espero me livrar. Contanto que prove estar certa em alguma medida, de preferência com referência a algo bem crucial, como, por exemplo, acertar com antecedência o resultado das eleições americanas.

A pressão da oposição é tão forte que, mesmo quando "a gente" ganha, a gente perde, e fica o tempo todo se reexaminando, como no caso do Brexit, por exemplo. Tem que ter muito peito para ir contra esse *bem* aparente tão convincente exibido pela esquerda. E ainda por cima com esse charme todo.

Francamente, Donald Trump pode no final não ser a oportunidade ideal para a gente se fazer ouvir, mesmo que as ideias contidas no tal "legado de Obama" sejam tão assustadoras e seus resultados concretos tão perigosos para o mundo.

Andam dizendo que existe um "movimento mundial" contra os políticos tradicionais, o que, em tese, favoreceria a escolha de não-políticos para cargos importantes. Mas, comparada às altamente sofisticadas técnicas da política partidária, a verdade nua e crua parece difícil demais de aceitar. Isso, sem nem mencionar o fato de que a verdade sempre nos escapa, não tem nada de "evidente", ao contrário do que afirma a Constituição dos Estados Unidos, mais ainda num mundo como o nosso, que se tornou tão complexo, quase impossível de entender. Lidar com essa verdade custa tempo e esforço, e a nossa tendência em geral é de deixar pra lá, e deixar a vida rolar.

Imaginem que ainda nem mencionei uma outra tendência mundial apontada esta semana pela BBC, desta vez com relação a mulheres no poder — mulheres como Angela Merkel, a provável nova primeira-ministra inglesa Theresa May, Hillary Clinton... mas também a arrepiante Marine Le Pen da direita francesa e a nossa incomparável, inesquecível Dilma Roussef, que entrará para a História como aquela que derrubou o Brasil de uma penada só. Cuidado com elas!

Caramba, que traidorazinha desprezível acabei me

tornando, hein... descrevendo meu próprio (e estável) gênero desse jeito degradante! Que vergonha!

Pois é. Tudo como d'antes no quartel de Abrantes.
Vamos ver aonde esse sofrimento sem fim vai acabar nos
levando. Para me consolar, fico o tempo todo lembrando
a mim mesma que, não importa o resultado das próximas
eleições, teremos de qualquer maneira alguns netos judeus
brincando na Casa Branca no ano que vem. Muito bom.

ESTES OLHOS VIRAM A GLÓRIA

"**O**brigado(a)[1] pela oportunidade de ler e editar sua amostra muito divertida, divertida até mesmo para alguém que é praticamente ignorante das maquinações políticas em curso aqui neste momento", dizia a deliciosa mensagem de um(a) editor(a) em potencial com relação à minha crônica da semana passada. Ando pesquisando o mercado para aumentar a equipe da KBR internacional colocando na reta o meu próprio... texto, ou vocês pensaram que eu ia escrever outra coisa? E, devo confessar, submeter meu trabalho de autora a profissionais americanos competentes é uma experiência no mínimo delicada, que poderia ser melhor descrita como "medo de rejeição".

Como uma autora não-nativa em inglês, devo admitir, venho também procurando um jeito de quebrar a barreira da insani... ops, desculpem, da mentalidade americana. E se vocês estão pensando que estou tentando parecer engraçadinha, acertaram em cheio. Tenho

---

1 Não se trata aqui da fórmula "politicamente correta" de expressar feminismo, Deus me livre e guarde, mas, simplesmente, do fato de que o editor que escreveu isso é anônimo, trabalha num portal de edição, portanto não dá pra saber se a figura é homem ou mulher.

enfrentado cá do meu lado uma pressão quase insuportável, podem acreditar.

Por falar nisso, o editor supramencionado também acertou em cheio: apesar de eu estar cortando um dobrado para soar divertida em inglês — o que, francamente, não me custa quase nada em português — sou quase completamente ignorante no que se refere às maquinações políticas atuantes neste momento nos Estados Unidos. Cá entre nós, como poderia ser diferente? Ainda que eu não consiga resistir à tentação de escrever sobre esse assunto, tanto assim que depois de quase dois anos de "imersão" na vivência americana tal ignorância se transformou no meu tema principal, algo com que convivo íntima e diariamente, para dizer o mínimo.

Foi uma semana crucial para mim. Imaginem que cheguei até mesmo a viralizar no Twitter — "até" sendo a palavra-chave desta crônica —, uma coisa inacreditável. "Viralizei" é modo de dizer, claro, mas acho que dá para entender a importância que ter seus tuítes curtidos e retuitados mais de 50 vezes pode adquirir para uma simples estrangeira pretensiosa como eu.

Bem que eu deveria ter imaginado que meu "agudo senso de observação" não poderia ter simplesmente desaparecido só porque viajei alguns milhares de quilômetros, embora eu venha sendo consistentemente encorajada a me perceber como uma pessoa inferior, de segunda classe, dotada de algum tipo de consciência estrangeira defeituosa e irreparável.

E tudo isso começa em casa, é claro. Entendo muito bem que estou bem longe de entender este país, cuja História, tradições e sutilezas linguísticas praticamente continuo desconhecendo. O idioma inglês, só para dar um exemplo, conta com mais de um milhão de palavras, para nem mencionar que não existem regras para soletrá-las, é tudo estabelecido de forma "aleatória".

Parafraseando Barack Obama em seu pronunciamento em Dallas, no início desta semana louca, ser imigrante no primeiro mundo é uma experiência que "evoca a humildade". E humilde eu me sinto, pior, me sinto esmagada, verdadeiramente humilhada quase o tempo inteiro. Meu marido americano, por exemplo, um sujeito de muito brilho e pouca compaixão, faz questão de enfatizar as minhas falhas, o que, francamente, costuma me tirar do sério. Diariamente. Morro de raiva dele. Morro de raiva de mim mesma, mas sacudo a poeira e dou a volta por cima, fazer o quê.

Por todo lado que se olhe, nestas últimas semanas, impera uma sensação perigosa de medo, de raiva, de revolta, justificada ou não. Cá do meu canto, acredito firmemente que toda essa febre reativa que nos contamina na rede social apenas reflete um vazio, uma carência em nossas vidas pessoais — na minha, pelo menos —, ou talvez tudo isso não passe de mera sensação. Enfim, tive um gostinho desse estado de coisas esta semana no Twitter: basta a pessoa se expor um pouquinho para tocar um nervo exposto na multidão.

Mantidas as devidas proporções, não sou nenhuma exceção. Mas, vamos combinar, embora até já tenha tentado, ainda não matei ninguém (percebam que esta crônica foi escrita antes do atentado de Nice, tragédia da semana que vem), meu "calcanhar de Aquiles" neste momento sendo a obra da nossa casa em Paris Mountain. Como vocês bem sabem, além de escritora e editora sou também arquiteta formada — formada no Brasil, o que logo de cara me qualifica como "incompetente", sabem como é. Então perco totalmente o controle quando o Alan tenta me convencer de que "não sei me comunicar com os americanos", e quanto mais o tempo passa, e a obra atrasa, vou ficando cada vez mais irritada, frustrada, dada a impulsos cada vez mais violentos. No último fim de semana, por exemplo, quando ele me disse que eu "não podia ir à reunião no terreno porque só iria atrapalhar"... virei bicho, fiquei fora de mim. Gritei com ele, chorei, solucei, e aí atirei nele a faca de manteiga por cima da mesa do café. Acertei na testa do pobre coitado!

Quem seria essa mulher maluca? De onde viria toda essa violência? Aquela bruxa não podia ser eu, uma dama sofisticada, culta e super bem-educada. Fiquei com uma vergonha danada, um provável efeito colateral de tanta humildade sendo empurrada o tempo todo para cima do meu orgulhoso self despedaçado, se é que vocês me entendem ("Pô, Noga, para de usar essas expressões superbatidas, não aguento mais isso", reclama o meu marido internalizado, usando um tom francamente entediado).

Enquanto isso, eu cá do meu lado me esforçando ao máximo para fazer este texto progredir, travamos o seguinte diálogo, Alan e eu, ele como sempre tentando me distrair com seu costumeiro excesso acachapante de informações que me derruba toda vez que eu expresso alguma dúvida quanto ao uso do inglês, ufa, apesar de eu reclamar dizendo que preciso me concentrar:

— O que estou dizendo é obra de gênio, o que você está escrevendo é puro ego.

CQD. Que cretino! Que idiota!

Agora de volta ao meu sucesso recente: meus 15 segundos de fama no Twitter (e mais alguns novos seguidores) deslancharam finalmente quando publiquei um comentário maldoso sobre o errático comportamento do presidente Bush na cerimônia de Dallas em honra de al-

guns policiais assassinados recentemente, um evento fúnebre onde dançar não parecia ser nem um pouco permitido.
"Você está cheia de ódio", alguém tuitou. Bush estava se
esforçando ao máximo para convencer Laura e Michelle a
dançar com ele, mas não estava dando nada certo. Não se
tratava ali daquele tipo de procissão típica de um enterro
jazzístico, ou de um emocionante filme de Akira Kurosa-
wa, e a lúgubre seriedade exibida em torno do ex-presidente deixava isso bastante claro.

"Fico só imaginando se Bush estava bêbado na cerimônia fúnebre em Dallas", tuitei sem hesitar. "Ele estava
dançando ao som de 'glória, glória, aleluia'!"

Et voilà, minha ignorância patriótica emanou cintilante dos meus 140 caracteres brilhantes, que imediatamente se voltaram contra mim: "@nogasklar (o 'imigrante
estúpida e ignorante' ficou apenas na sugestão), trata-se do
'Hino de Batalha da República'".

Vamos combinar: a rotina diária de uma exilada recém-
-chegada é uma ilha de conquistas irrelevantes cercada de reações humilhantes por todos os lados, não importa se se trata do
supermercado, ou de uma conversa sem jeito com o empreiteiro, ou, pior ainda, de escrever em inglês sendo não-nativa.
Então fui ao Google humildemente, para chegar à interessante
conclusão de que a mesma canção era igualmente conhecida
como "Estes olhos viram a glória", também tendo enfrentado
umas duas ou três paródias maldosas, sendo uma delas bastante racista, a "Canção de John Brown", na qual um negro é
pendurado e enforcado durante a guerra civil.

Tudo bem, melhor mesmo parar por aqui. E neste
ponto, inspirada pelo comentário de um outro seguidor
no Twitter — que, por sua vez, me acusou de estar bêbada
também —, cometi um trocadilho intraduzível em inglês
envolvendo "porre e perjúrio".

Achei engraçado os conservadores que me leram no Twitter terem chegado rapidamente à conclusão de que eu era esquerdista, uma convicta obamista, determinada a fazer pouco do último presidente republicano, custasse o que custasse. Enfim, deixa estar para ver como é que fica.

No final das contas, acabei aprendendo uma coisa ou duas sobre a incrível sociedade americana, desta vez sem nenhuma ironia: na noite daquele mesmo dia, assisti na TV a um documentário sobre a Casa Branca que evocou de verdade a humildade, não somente por conta da coragem e da importância que se pode depreender da História americana, mas também da indiscutível capacidade que tem este país de se mostrar (ou "se vender"?) para o resto do mundo, algo que, infelizmente, tem estado meio esquecido nesta assim chamada "Era Obama".

Vida longa ao sonho americano, porque o mundo inteiro estaria pior sem ele.

LEGADO

Eu estava cortando um dobrado para aceitar todas as análises da mídia afirmando que o assassino de Nice não era jihadista: pareciam tão falsas quanto a descoberta de que eram igualmente falsas as armas e granadas encontradas em seu caminhão — "o caminhão 'de sorvete' de Mohamed" que já virou lenda: 84 mortos, ceifados, esmagados pelo matador desalmado.

Agora me digam, que diferença faz? Com seu ato indiscutivelmente criminoso o sujeito fortaleceu a jihad de qualquer maneira, e atos como este seguem inspirando os mentalmente perturbados no mundo inteiro. Será que alguém, em algum lugar, ainda tem dúvidas de que este estado de coisas cada vez mais violento com que temos sido confrontados nos últimos dois anos, depois do estabelecimento do assim chamado "califado" no Oriente Médio, é a motivação básica por trás desses atos tenebrosos?

Pior, acredito que a violência no mundo, jihadista ou não, está próxima de atingir uma massa crítica; e aí, meus amigos, será muito mais difícil encontrar uma solução. Para nem mencionar os terríveis assassinatos de policiais nos Estados Unidos nestas duas semanas, nossa "última tendência" em território nacional (já estou falando como uma americana, não é?).

Comecei esta crônica com a firme intenção de culpar o precoce-Nobel-da-paz Barack Obama por todo o mal existente no mundo, recente ou não, incluindo a crescente divisão racial nos Estados Unidos. Mas alguma coisa na declaração dele a respeito das mortes de Baton Rouge, Louisiana, me fez mudar de ideia, devo confessar. Parafraseando o grande Luís de Camões: "Um valor mais alto se alevanta".

Então, citando o presidente Obama (vamos combinar, se fosse para levar a sério todas as belas palavras que ele profere regularmente, teríamos que reconhecê-lo como o maior político da terra, de todos os tempos, homem ou mulher): "Essa retórica inflamada não nos ajuda em nada. Nem muito menos acusações infundadas jogadas a esmo para amealhar vantagem política ou reafirmar determinado programa. Precisamos medir nossas palavras e abrir os nossos corações. Todos nós".

Bacana. De verdade. É isso mesmo.

Mas não é o que tenho visto acontecer. Esta semana tivemos a Convenção Nacional Republicana, e a retórica inflamada concentrada em destruir Donald Trump andou tão violenta que fui obrigada a deixar o Twitter de lado por alguns dias. O Twitter não costuma se incomodar de fato e de direito com o que lá se publica, mas às vezes ocorre um revertério: o "ativista supremacista branco gay" Milo Yiannopoulos (nem sei se nesta ordem, mas é tanta qualificação sem sentido que achei melhor colocar tudo entre aspas para me proteger de qualquer objetivo escondido), por exemplo, acaba de ser banido do Twitter para sempre. É isso mesmo: para sempre. Isso, apesar de tanta violência e preconceito e racismo e antissemitismo e ataques à força policial e etc. e tal, tuitados e retuitados à vontade todos os dias. Para nem mencionar, é claro, o anti e o nuncatrumpismo generalizado. Fico pensando se na semana que vem, quando teremos a super aguardada Convenção Nacional Democrata, veremos estas mesmas brilhantes mentes antitrumpistas se revelarem como justas, equilibradas, imparciais e maravilhosas cabeças pro-clintonianas. De qualquer maneira, provavelmente não estarei por lá para conferir.

Essa tal "campanha contra" tem sido tão bem-sucedida que, apesar de nos EUA ainda existir um lugar (democrático) para pessoas que apoiam o Partido Republicano, o mesmo não se pode dizer do restante do mundo, o Brasil incluído, onde Trump é rejeitado tão radicalmente como Obama foi aceito em 2008, e com base nas mesmas premissas: coisa nenhuma. Deve ser tudo por conta dos cabelos diferentes, como se diz por aí.

Acho engraçado que toda esta acachapante fúria contra Trump (tem que chame de "assassinato de caráter") — que, por sinal, agora inclui os filhos, netos, bisnetos e demais futuros descendentes da família Trump para todo o sempre —, além de fazer questão de negar a realidade, se ocupe primordialmente de insignificâncias, como a questão da "tendência dos Trump a plagiar discursos".

Eu vi. Ninguém me contou.

Bastava ligar a TV na transmissão ao vivo da Convenção para ver o entusiasmo, a torcida empolgada, a oratória eloquente exibida pela antigamente-considerada-estranha Tiffany Trump, filha mais nova do candidato, ou pela atraente-previamente-considerada-burra *Melania* Trump (a droga do corretor xenófobo do Word corrigiu automaticamente para *Melanie* e eu custei a perceber), ou o articulado e inteligente, antes-visto-como-mimado Donald Jr. (que por sinal, agora ficamos sabendo, dirige um trator tão bem quanto seus carros de luxo) — tá bem, peço desculpas por ficar parecendo uma fã incondicional do Clã Trump, coisa que não sou. Para nem mencionar outros competidores espertos na arena política americana, como Chris Christie, governador de New Jersey, que em seu discurso encenou um julgamento de Hillary ao vivo, abordando os seus "malfeitos" antes de jogá-la aos leões famintos-de-palavras, ou melhor, republicanos raivosos: "Cadeia nela! Cadeia nela!"

E aí, com um simples toque suave no controle remoto, a gente se conectava numa realidade completamente diferente. Na qual, documentada pelos canais de "oposição", para a máxima curtição dos democratas, a Convenção era descrita como um fracasso retumbante, tediosa, equivocada, comprovando sem sombra de dúvidas a total incompetência do partido, descrito por eles como estando "em frangalhos", uma vergonha irremediável para seus pobres constituintes que tinham agora comprovada a sua burrice e limitação intelectual. Qualquer semelhança com os ataques dos petistas não é mera coincidência.

Francamente, cada um dos dois partidos abrange mais ou menos 50% do eleitorado americano.

Como uma coroa mal-humorada, antes-sem-filhos--agora-mãe-orgulhosa-de-dois-rapagões, confesso que me comovi com a energia amorosa, a sincera admiração filial exibida por Don Jr., que, como delegado de Nova York, deu ao pai os delegados necessários para ganhar a nomeação, atingindo o "número mágico" que tantos especialistas garantiram por tanto tempo que o desprezível Donald Trump jamais alcançaria. Júnior estava orgulhoso de verdade, dava pra ver, podem acreditar.

No final das contas, o que pude ver foi uma celebração familiar, digo, uma celebração da família como o mais significativo valor americano. Agora, é claro que muita gente não têm o menor interesse em apoiar um campo contemporâneo tão controverso e cheio de preconceitos, com seus "adeptos" tendo despendido tempo e energia excessivos advogando a veracidade discutível dessa instituição tão ultrapassada como a família tradicional, antigamente conhecida como uma super simplificada célula doméstica composta de mãe-pai-e-filhos.

Dá pra entender. São pessoas que têm pavor de perder suas conquistas, que tornaram nosso planeta tão melhor e mais seguro para todo mundo — uma ameaça identificada hoje em dia como "risco de regressão social".

Agora, falando sério, tenho uma confissão a fazer: estou tão amedrontada com o atual estado de coisas em nossa sociedade, pela perda da nossa segurança e pela lamentável, porém consistente sensação de desesperança com relação ao nosso futuro como espécie, que considero esta a verdadeira razão de estar torcendo por Trump, já que não posso votar. Algo precisa mudar.

Tenho consciência de que meus comentários retrógrados poderão surpreender. Acredito, honestamente, que muito pouca gente associe esse estado de violência e divisão social aos loucos incentivos na direção da eliminação de qualquer coisa que possa remotamente soar como "tradição". E isso inclui, certamente, a tendência mundial de recuperação dos valores nacionais, fronteiras, "separação" dos demais. Dito de outra forma: "isolacionismo".

Preciso ser bem clara quanto a isso: o fato de ver qualquer outra pessoa como diferente de mim — e de ver esta diferença como enriquecedora, e não limitante, apesar de nem sempre estar disposta a abrir meu espaço pessoal para determinada pessoa em determinado momento — não faz de mim uma pessoa horrível, uma xenófoba hidrófoba. O que considero um pesadelo legítimo é a possibilidade de um mundo pasteurizado, no qual, apesar da retórica em favor da diversidade, o que se busca de verdade é a homogeneidade dos humanos: todo mundo tem obrigação de aceitar os mesmos valores e abaixar a cabeça para uma teórica "liderança global".

A questão é confusa, admito. Eu jamais poderia declarar minha admiração por uma Lei Islâmica radical, ou, para ser bem gráfica, o hábito de "circuncisar" as mulheres extirpando-lhes o clitóris, o que pode até satisfazer certas culturas ao redor do mundo. Mas isso precisa parar. Agora. Já. Além do que, há algo de flagrantemente equivocado no jeito como temos tentado obter essa aceitação, e não está funcionando, simples assim.

É claro que acreditar que a eleição de Trump vá resolver todos esses sérios problemas constitui um óbvio salto de fé que atinge as raias do absurdo. Não acredito em nada disso. Mas de algum jeito, em algum lugar, ainda que muito sutilmente, algo precisa acontecer para dar um basta nessas tendências mundiais na direção de uma contemporaneidade que, francamente, só tem nos prejudicado.

E é isso que eu queria dizer. Nas próximas duas ou três semanas, enquanto a corrida política americana se reorganiza para atingir "o próximo estágio", vou me dar um tempo. Chegou a vez na minha mesa de edição de um projeto muito pessoal que venho acalentando, e para o qual venho me preparando há mais de seis anos, e espero que o mundo me dê alguma tranquilidade para que eu possa me dedicar a ele. Ninguém está nem aí para o que escrevo mesmo, e um pouco de distância do ciclo frenético da mídia só pode fazer bem a uma pensadora conectada em potencial.

No final das contas, amor e beleza precisam começar dentro de casa. E do coração.

A MANIPULAÇÃO DA MENTE AMERICANA

De repente, não mais que de repente, os Estados Unidos estão testemunhando um inesperado ressurgimento do movimento feminista. Uma amiga minha, imaginem, hoje beirando os 40, casada, mãe de dois filhos, se descobriu uma feminista ferrenha, dedicada e ativa defensora das causas femininas, e ela não está sozinha nisso. Mesmo as mais conservadoras entre as comentadoras de TV (e os comentadores também, por falar nisso) foram unânimes em reconhecer o significado histórico de "romper o telhado de vidro" como fez Hillary Clinton na semana passada, como a primeira mulher a ser nomeada candidata oficial à presidência do país por um dos grandes partidos.

Meu olhar de estrangeira encarou tais acontecimentos com um honesto espanto. O que seria aquilo? Todas aquelas "meninas" celebrando em uníssono seu triunfo?

A verdadeira revolução feminista, se bem me lembro, estava em curso quando eu era adolescente, nos anos 1960. Para refrescar a memória, fui pesquisar no Google os nossos ícones mais queridos: Gloria Steinem, Betty Friedan, Angela Davis com sua impressionante cabeleira afro. Fizemos história, meus amigos. Naquela época, minha amiga hoje quase quarentona era da idade desse bebê de 8 meses a que chamam "Zoe" (segundo Alan me informa, "vida", em grego), e que apareceu num anúncio semana passada na Convenção Democrata como "candidata a presidente", personificando o futuro da América. Assim seja.

Nossas principais reivindicações, além dos obrigatórios direitos humanos e igualdade de condições, eram a simplicidade feminina, a autenticidade, incluindo a famosa "queima de sutiãs". O cabelo afro era essencial, na versão branca crespo ou cacheado. Ainda curto muito o meu, meu cabelo crespo, digo. Mas hoje em dia, como todo mundo sabe, o feminismo inclui o ressurgimento dos saltos altíssimos e finíssimos, de produtos químicos agressivos para "domar a juba" e outros inumeráveis clichês da exploração comercial da figura feminina. Isso, para nem mencionar a óbvia tentativa de surrupiar os nossos direitos por parte das demais 20 e tantas variações de gênero existentes.

Vocês acham que estou sendo muito dura? Mas eu mal comecei, para dizer a verdade.

A Convenção Democrata na Filadélfia na semana passada beirou a perfeição, foi realmente empolgante. Todas as celebridades que vocês conseguirem nomear, ícones do presente e outros talvez sem tanta presença assim, estavam lá presentes, para reafirmar seu apoio à próxima mulher presidente, a nova heroína da política americana. Numa entrevista na CNN no dia seguinte, o DJ Jazzy Jeff explicou muito bem por que a música era tão importante num evento dedicado à política: "A música faz com que as pessoas se sintam bem, e essa sensação é feita para durar". Ele nem precisou mencionar que tal sensação permanece na mente subliminarmente "misturada com a mensagem partidária", mas, tudo bem. Acho triste uma sociedade que confia tanto no entendimento de celebridades envolvendo a vida real; fica tudo meio nivelado por baixo, meio caricatural, se é que vocês me entendem, para que as pessoas normais consigam "sacar" o que está havendo. A coisa toda é tão chegada a um filme que até apelaram para uma música-tema original, "Stronger Together" ["Juntos somos fortes"]. Sai desse cinema, América!

Cada detalhe na Convenção foi cuidadosamente planejado para responder e atacar determinados pontos no programa de Donald Trump, apelidado por Hillary de "Meia-noite na América". Agora, cá entre nós, e se for realmente meia-noite, ou, pelo menos, três minutos para a meia-noite, como indica o relógio nuclear? Fico preocupada. Havia uma intenção clara de criar um forte contraste com a bem mais alarmista Convenção Republicana da semana anterior, apelando, primordialmente, para o otimismo e a esperança. Mas tal tarefa não seria nada fácil. Até mesmo o maravilhoso, charmoso Barack Obama, o mais marcante e impressionante orador e estadista dos tempos modernos, exibiu um sorriso forçado, forçando igualmente a impressão de estar à vontade. Pode ser que ele saiba de algo que a gente ignora, sei lá.

Ainda assim, o show precisava continuar. Pelo menos naquela convenção. Ó, Deus, era tudo de uma falsidade tão patente, incluindo a amorosa descrição feita por Bill Clinton de seu apaixonado relacionamento com Hillary. Todo mundo sabe que na verdade não é nada disso, então para que insistir, não é mesmo?

Mais para o final, Bill bem que tentou pegar na mão de Hillary, mas ela preferiu atravessar o palco de mãos dadas com seu novíssimo parceiro, Tim Kaine, que declarou, em espanhol, que ele e Hillary são *compañeros de alma*. Tá bem, ele fala espanhol e fez questão de demonstrar isso, mas fico cá matutando se ele sabia do que estava falando.

Se soubesse, Bill estaria em seu pleno direito se por acaso decidisse se declarar ciumento. "Almas gêmeas", como todo mundo sabe, se refere a um envolvimento romântico; coisa de amantes, para ser exata, não de parceiros na política.

De qualquer maneira, o amor foi tão exagerado, tão super explorado nessa Convenção — num óbvio contraponto ao alegado ódio de Trump — que dava a impressão de que a própria ideia de amor agora pertence aos democratas. Vai ver que, daqui para frente, vão até tentar processar por abuso de direitos autorais qualquer pessoa que ousar empregar a palavra "amor" sem a devida licença.

Donald Trump ameaçou os chamados "latinos"; por consequência, Tim Kaine, o vice de Hillary, mostrou que falava espanhol (francamente, se fluência numa língua latina fosse pré-requisito para se candidatar, até eu poderia ser presidente dos Estados Unidos). Além disso, Obama vêm mantendo um número meio exagerado de encontros com Peña Nieto, presidente do México, não entendo bem por quê. Pode ser que esteja negociando por baixo do pano algum acordo mais drástico para penalizar os chefões do tráfico, enquanto em público advoga o contrário, vai saber.

Donald Trump ameaçou os muçulmanos e está planejando investigá-los com rigor para diminuir o risco de terrorismo; por consequência, houve maciça presença de muçulmanos na Convenção exibindo o seu apoio a Hillary, incluindo Michael Jor... ops, Kareem Abdul-Jabbar. Um dos momentos mais "emocionantes" foi a dolorosa exploração de um casal muçulmano que perdeu seu filho na Guerra do Iraque, um marine que sonhava ser advogado do exército (isso, preciso confessar, me atingiu pessoalmente: meu filho está neste momento se graduando na Escola de Oficiais do Marine Corps e pretende se tornar advogado do exército, Deus o proteja). O ponto alto do discurso do pobre coitado do pai desgraçado foi o ataque a Trump com sua arma secreta mais perigosa: um exemplar da Constituição dos Estados Unidos que tirou do bolso do paletó e brandiu como se fosse um revólver, apontado para a audiência. Só que, no dia seguinte, também na CNN, descobri que o coitado do filho dele realmente foi morto no Iraque, mas em 2004, quando não existia ISIS, nem a ameaça do terrorismo islâmico, e nem muito menos, por sinal, a ameaça de Donald Trump. Além disso, pelo sotaque dava para ver que o senhor no palco (e sua muda esposa) eram imigrantes da Índia, e muçulmanos da Índia, como todo mundo sabe, não tendem a ser perigosos. Para ser justa, só no domingo vim a descobrir que a família Khan é na verdade do Paquistão, mas isso não muda o fato de que pareciam perfeitamente pacíficos. A exploração, aliás, continua a mil: hoje mesmo a senhora Khan publicou no *Washington Post* um artigo de "sua autoria" (ops, desculpem a ironia) atacando... Donald Trump.

Pô. Peraí. Donald Trump não está demonizando todas as gerações de muçulmanos que jamais puseram os pés nos EUA a qualquer tempo, embora seja verdade que ele tenha em certo momento tentado responsabilizar o pai afegão de Omar Mateen pela matança na boate de Orlando no mês passado. Donald Trump, vamos combinar, tem se mostrado bastante incapaz de manter sua língua parada dentro da boca.

O que nos leva ao próximo ponto, ai meu Deus. Na quarta-feira passada, o país inteiro se tornou refém de uma piada quando Trump declarou, ao comentar o escândalo de emails do Partido Democrata: "Rússia, se vocês estiverem me escutando, espero que sejam capazes de localizar os 30 mil emails de Hillary que se encontram desaparecidos. A imprensa e o FBI agradecem". Por Deus, ele estava sendo irônico! Como poderia ser diferente? Como alguém bem lembrou na televisão, Trump estava "incentivando" os russos a invadir um servidor que já não existe para roubar emails que foram apagados há mais de três anos! As harpias todas se assanharam. Trump foi acusado de ser um traidor, um agente russo, e pior, um amigo de Putin. De repente, sem se saber bem como, estávamos de volta aos gloriosos tempos histéricos da guerra fria, e o país foi todo transformado numa versão ao vivo do "Casseta & Planeta". Até eu fiquei morrendo de vergonha, mas parece que a maioria do povo aqui não percebeu do que estava sendo vítima. Ninguém se lembrou de mencionar a verdadeira ameaça, isto é, o conteúdo explosivo dos emails provando que a ex-líder do Partido Democrata, Deborah Wasserman Schultz (que foi forçada a renunciar na véspera da Convenção) manipulou informação para prejudicar Bernie Sanders.

As pessoas parecem incapazes de entender por que essas comparações entre Hillary e Trump no que se refere ao serviço público não fazem o menor sentido: Donald Trump nunca foi servidor público; até o ano passado, atuava exclusivamente no setor privado, sendo um típico empresário capitalista americano. O que talvez possa explicar por que as gravatas e roupas e sapatos de sua grife não são "*Made in USA*": como a Apple e todas as demais grandes empresas americanas, ele simplesmente busca atualmente para seus produtos o fabricante mais eficiente, isto é, a China. Patriotismo, vamos combinar, nunca incluiu o lucro do capital. E para o bem da lógica eleitoral, melhor não ter reputação nenhuma no serviço público do que ter um histórico péssimo como o de Hillary, é ou não é?

Uma mulher com quem conversei semana passada na Walgreens criticou Trump porque ela "desconfia de qualquer pessoa que tenha a compulsão de escrever seu nome em tudo". "Exatamente como Trump", ela acrescentou, citando uma colega que escreve o próprio nome nos cadernos, etiquetas e recipientes de plástico na geladeira do escritório e a igualando a um homem de negócios que desenvolveu uma marca, a exemplo de Versace e Chanel. E por aí vai.

Um emocionado Joe Biden fez sua convincente contribuição ao lamentar que uma pessoa, qualquer pessoa, nascida e criada na América com os valores da compaixão, fosse capaz de sentir qualquer satisfação ao proferir as palavras "Você está demitido!" Mas, gente, pelo amor de Deus: Trump dizia isso (em inglês, *You're fired!*") à guisa de bordão de um *reality show* na televisão! Não estava demitindo nenhum empregado de verdade, nem abusando dos direitos desta pessoa nem muito menos prejudicando uma família: o sujeito sendo "demitido" era um participante de um jogo, cujo objetivo era resistir o maior tempo possível sem ser demitido!

Não era a vida real, estão entendendo?

No último dia da Convenção Democrata, em resposta a um comentário "ofensivamente idiota" de Trump se referindo à ausência de bandeiras americanas no plenário, surgiram por lá milhares de cartazes com os dizeres "USA" [EUA em português], com a multidão gritando o slogan correspondente: "E-U-A! E-U-A!" Mas... isso não era prova do patriotismo dos democratas, muito pelo contrário. Só conseguiu provar que "apenas Trump" entende de verdade a alma do povo. Mesmo que a fervorosa patriotada que havia varrido a outra convenção na semana anterior tenha sido de fato herdada do Reaganismo.

A derradeira tentativa de destruir Trump na Filadélfia veio numa passagem do discurso de Hillary Clinton, na qual a candidata lamentou a infame afirmação de Trump no sentido de que "somente ele poderia dar um jeito". Hillary reagiu triunfante: "Na América não resolvemos as coisas sozinhos, nós as resolvemos juntos!" Um eco exultante percorreu a plateia como se fora ensaiado com antecedência: "Jun-tos!" Vou tentar explicar o mais claramente possível o jogo perverso de palavras em inglês: Trump não quis dizer que "vai resolver tudo sozinho" [*I will fix it alone*], mas que "somente ele pode resolver" [*I alone can fix it*]. Além do que, @realDonaldTrump ele mesmo já tinha declarado em seu discurso de aceitação da candidatura: "Somos uma equipe".

E já que decaímos ao nível do Twitter (por falar em Twitter, Hillary afirmou que não tem como um homem que pode ser pego numa armadilha de Twitter ser responsável pelos famosos códigos nucleares), não custa nada dar uma olhada nos números mais recentes: Donald Trump tem 10,5 milhões de seguidores na rede, enquanto Hillary tem *apenas* 7,89 milhões. Quer dizer, se o Twitter valesse alguma coisa, Trump teria atropelado Hillary por quase 3 milhões. Falou a voz do povo.

Vamos combinar: toda essa manipulação mental não deveria ser surpresa para ninguém. Afinal de contas, alguém declarou em algum momento da História que "se quisermos a sua opinião, nós a daremos a você". E também não estou sozinha na minha percepção: um interessante artigo publicado na semana passada listou uma por uma as técnicas psicológicas empregadas nas convenções — dos dois lados, por sinal, apesar de o investimento em dinheiro ter sido muito mais óbvio e impressionante no evento democrata — com o simples objetivo de, literalmente, manipular as opiniões. Incluindo entre os macetes enumerados o fundo azul em frente ao qual discursaram as mais importantes personalidades.

Lamento muito, meus amigos, mas estou muito chocada com tudo isso. Tanto assim que me senti compelida a largar tudo o que estava fazendo, e até mesmo a deixar o meu "recesso para traduzir romance" só para vir aqui e compartilhar com vocês estas humildes considerações.

Prestem muita atenção, e digo isso principalmente para os americanos: são nossas vidas que estão em jogo, não a de "alguém que não sabemos bem quem". Essas eleições, aliás, afetam a vida das pessoas no mundo inteiro, por conta da importância (para muitos lamentável) dos Estados Unidos. Entenderam?

UMA BASE CONCRETA

Enquanto eu estava de recesso, compilando, reescreven-do e retraduzindo para o inglês o meu romance *Sem Graus de Separação* (sim, tudo isso, com a ordem variando conforme a ocasião), um poderoso executivo de mídia nos Estados Unidos foi acusando por algumas de suas subordinadas de assédio sexual, e como resultado abdicou de seu posto e pediu as contas. O sujeito tem 76 anos de idade. Também assisti na TV a algumas reportagens sobre estupro, com foco especial sobre os que ocorrem com bastante frequência nas universidades americanas.

O que está havendo conosco?

Na primeira semana da minha pausa autoimposta, ainda sob o impacto de não estar escrevendo as minhas crônicas semanais, comecei um rascunho intitulado "Minha experiência pessoal com o estupro" ou algo assim.

Estupro é crime. Ponto.

Nunca fui estuprada. Mesmo assim, tive obviamente algumas experiências desprazerosas com sexo, desde acordar com um estranho na minha cama após uma noitada "calibrada" até ir para a casa de um estranho por me sentir solitária numa noite de Natal (como todo mundo sabe, sou judia, e na minha família não se comemora o Natal), ou tirar uma casquinha do irmão de um rapaz que eu estava paquerando sem muito sucesso.

Meu caso mais traumático foi com um sujeito para quem eu estava trabalhando quando tinha uns trinta e poucos anos e estava divorciada, uma subcelebridade (acabei de ler indagorinha no *New York Times* que criaram para esta subclasse uma tal "Lista Z") do mundo do teatro. Eu estava criando um projeto gráfico para uma peça que ele estava dirigindo e produzindo, o nome dele não lembro, graças a Deus. De toda forma, era meio velho, e já faz tanto tempo que isso aconteceu que imagino que já tenha morrido. Pois ele veio certo dia ao meu apartamento para acertar alguns detalhes, e quando eu disse a ele que estava cansada, me ofereceu uma massagem para "relaxar". A próxima coisa de que me lembro é de seu nojento dedinho atrevido adentrando a minha vagina e esfregando o meu clitóris sem ser convidado. Que nojo! Mandei-o parar e sair imediatamente do meu apartamento. Mesmo assim, me senti suja por uma semana, e nunca mais obviamente trabalhei para o sujeitinho.

Em 53 anos de amor livre, sexo e rock'n'roll, nunca gozei com um homem. Mas, bem, hum, quem me lê regularmente já sabe disso há um bom tempo.

Fico me perguntando o que há de errado com a nossa sociedade e com as nossas jovens mulheres, depois de todos esses anos de revolução sexual e luta feroz pelos direitos femininos. Se alguém quisesse escutar o meu conselho, eis o que eu diria: garotas, não bebam em festas, ou, pelo menos, não exagerem na bebida a ponto de perder o controle e não saber o que estão fazendo.

Bem, para o desgosto do meu leitorado, eu não pararia por aí. Ao contrário, também aconselharia essas meninas a não confundirem sexo não solicitado ou avanços sexuais com estupro propriamente dito, pois são coisas bastante diferentes.

Escutamos, lemos e testemunhamos tantas mensagens sexuais hoje em dia que praticamente perdemos a noção do que o sexo é ou deixa de ser e de como sexo é importante. Então deixem-me repetir: sexo é a fonte da vida, nada mais, nada menos.

Vai daí que passei as últimas cinco semanas (que começaram logo depois da convenção democrata nos Estados Unidos) longe da cena política, tanto americana quanto brasileira (que, por sinal, hoje enquanto escrevo finalmente se livrou da "presidanta" Dilma), e lidando com um assunto bem mais profundo (sem trocadilho) e mais excitante: sexo e amor na era tecnológica, e também minha jornada pessoal indo de "nunca gozar" até "gozar quando e quanto eu quiser", e de "nunca ter sido amada" até "ser correspondida no amor tanto quanto eu quiser". Um assunto deveras empolgante, que me deixou pensando sobre o que realmente importa nesta vida.

E já tenho a resposta: é o amor.

Antes de conseguir reunir a energia necessária para lidar com esse sonho de publicar meu romance em inglês que acalento há mais de dez anos — não custa lembrar que o material original que inspirou o livro era em inglês, mas para transformá-lo em literatura o único jeito foi escrevê-lo em português e encarar a minha dificuldade com a timidez relativa aos termos sexuais, para não mencionar que levei todo esse tempo para levar meu inglês ao ponto em que está hoje —, eu estava completamente envolvida nas "maquinações políticas", como descreveu uma amiga americana. Mas nunca deixei de suspeitar do fato de que, apesar de a política ser importante, a razão para tal envolvimento passava pela minha frustração nestes primeiros dois anos de "vida americana", durante os quais vivi uma vida meio improvisada, provisória para dizer o mínimo, carente e insatisfeita por conta de certas coisas sobre as quais não tinha o menor controle.

Uma coincidência deliciosa é que, enquanto completo esta tarefa literária, Alan e eu também estamos terminando uma fase difícil da obra da nossa casa em Paris Mountain, durante a qual tivemos que "domar a montanha": semana que vem estaremos concretando as nossas fundações, acreditem. Eu mesma duvido às vezes! Parece um tipo estranho de sonho no qual me observo vivendo uma vida que não parece ser minha, embora seja, o que lhe confere um certo grau de indiferença que pode até ser bastante positiva, para não exagerar na dose de ansiedade. No momento estou meio inclinada a deixar de reagir a um velho impulso — que eu poderia descrever como um "tique xamânico" — de enxergar em tudo o que acontece um sinal de tudo o mais. No caso, o fato de ter entendido que o amor e o sexo são na verdade os pilares e as fundações da vida humana na terra.

Curiosamente, minhas memórias de amor e sexo por escrito constituem um testemunho dos primórdios dos sites de encontro, um tempo em que a capacidade de se expressar nessa mídia era crucial para desenvolver laços mais profundos com uma pessoa vivendo no outro lado do mundo, aumentando incrivelmente as nossas chances de encontrar o amor. Mesmo assim, o sexo hoje tão explícito, mais a sovinice de 140 caracteres e a ubiquidade de celulares capazes de fotografar tudo e todo mundo em qualquer lugar e fazendo qualquer coisa — o popular "*sexting*" —, conseguiu transformar esse excitante exercício erótico numa troca lamentável de mensagens sexuais muito pobres de espírito, culminando, esta semana, com a derrocada final de uma subcelebridade americana que, por conta de sua grossura ao teclado do telefone, se tornou ex-deputado e está a caminho de se tornar ex-marido.

Eis o que aprendi: seja o que for que advenha em nossas vidas e nas vidas daqueles que nos cercam, nunca devemos perder de vista o verdadeiro sentido da vida. E só o que importa são as coisas que duram, e que nos iluminam, e nos fazem sentir como os animais preciosos que somos — superiores, sim, por sermos dotados de um cérebro que pensa e de um corpo impressionante, capaz de feitos incríveis.

Não devemos nos contentar com nada menos do que tudo isso.

O ETERNO MITO DA SOGRA MALVADA

Vamos combinar, esse negócio de literatura confessional é uma empreitada de alto risco, e como tal deveria ter suas compensações. Além do mais, para evitar a potencial destruição de casamentos, famílias e amizades de longa data, é altamente aconselhável empregar doses homeopáticas de pseudônimos, *noms de plume* e *pseudos* que tais para contrabalançar o grau de verdade e transparência, além do deslocamento de caráter (um conceito evolucionário que poderia ser traduzido como "cada macaco no seu galho"), mesmo considerando que, claro, nestes casos específicos a literatura resultante infelizmente já não poderia ser qualificada como "confessional".

Dito isto, no outro dia dei de cara com uma amiga que estava muito perturbada, num estado realmente lamentável. Não consegui exatamente me identificar com o problema dela, já que, como muito bem me esclareceu uma amiga psicanalista, sem jamais ter sido mãe não poderei ser sogra nem que a vaca tussa. O mais próximo que eu poderia chegar de uma situação estressante como essa seria caso eu *decidisse* estabelecer uma relação de amizade com os filhos de meu marido e respectivas esposas, o que obviamente seria do meu agrado, nem preciso lembrar. Quer dizer, caso eu estivesse minimamente habilitada a formar e manter relacionamentos agradáveis e tranquilos com as pessoas de quem gosto.

Conclusão: essa ingrata tarefa de se tornarem íntimos da minha persona marcante fica praticamente a cargo deles, dependendo totalmente de quanto quiserem se esforçar para levá-la a cabo.

Voltando à minha amiga, coitada, ela me contou que acabara de acontecer o primeiro arranca-rabo "inevitável" entre ela e sua nora (pelo menos é assim que minhas amigas de Facebook descrevem a complicada relação nora x sogra), com quem por sinal, até aquele momento, ela vinha se dando bastante bem, pelo menos para uma principiante. O pior de tudo é que a pobre mulher nem sequer teve uma chance, já que a garota veio com tudo para cima dela, ou pelo menos era esta a versão da minha amiga. Mais penoso ainda foi o fato de que a menina parecia estar se iludindo, se deixando levar pela acachapante propaganda política praticada pela mídia americana num típico ano eleitoral.

Dessa última parte aí devo confessar que entendo alguma coisa, como vocês bem podem imaginar. Como estrangeira, imersa pela primeira vez na vida neste ciclo eleitoral, vivo confusa e perdida com os acontecimentos, como já expliquei em crônicas anteriores. E, falando sério, é praticamente impossível descrever como esta campanha eleitoral em particular tem se revelado surpreendente e angustiante até agora, mesmo para os mais experientes cidadãos americanos, que nunca se cansam de repetir isso, seja na TV, nas redes sociais ou em qualquer outro ambiente que nos venha à cabeça. Ando tão exausta com tudo isso que até parei de tuitar, e também de ler tuites. Ainda visito de vez em quando o site do *New York Times*, mas tomo o máximo de cuidado para não me aporrinhar demais, me limitando às páginas culturais: leio aqui e ali uma resenha de livro, a crítica de uma peça de teatro ou de um filme recém-lançado. Temas que, como vocês bem sabem, têm se mostrado bastante irrelevantes no momento... ou será que isso só acontece comigo?

Enfim, convidei minha amiga para um café, e enquanto a gente ia caminhando para o Starbucks aqui do lado, ela finalmente entregou o que mais a estava incomodando, seu temor mais profundo: estava disposta a fazer o que fosse para garantir o amor de seus netos ainda não nascidos (e nem mesmo concebidos), coisa para a qual, com certeza, não existe garantia nenhuma. O amor, como mamãe me ensinou, precisa ser "conquistado", e demanda um "esforço". Pois é, é isso mesmo que vocês estão lendo. Acabei ficando desse jeito, traumatizada, coitadinha. Por conta das crenças arraigadas de mamãe, que fez questão de inoculá-las em mim, tornei-me incapaz de simplesmente me entregar, amar e me deixar amar e deixar a vida rolar.

No caso da minha amiga, a implicação mais séria foi que em sua briga com a nora, a jovem noiva — talvez-futura-mamãe, mas ninguém-sabe-bem-quando — decidiu proibi-la de visitar os netos, imaginem. Adiantou-se um bocado no tempo, a menina, que nem se casou ainda. Um legítimo balde de água fria!

Tentei entender o que estava acontecendo e ofereci minha solidariedade à pobre coitada. Mas estava difícil. Para piorar, eu não conseguia imaginar de jeito nenhum o que se passava na mente de uma mulher grávida, tendo que lidar com seu corpo sacudido, inundado de hormônios descontrolados.

Não me entendam mal: como a maioria de vocês, sempre acreditei que gestações são períodos privilegiados

e abençoados para uma mulher, uma espécie de realiza-
ção máxima para esses seres "nascidos para procriar", por
assim dizer. Mas como nunca passei por isso pessoalmente, tenho que me basear nas opiniões alheias, e também, é
claro, em pesquisas e nos artigos que leio. Ou edito, já que
milito nessa categoria.

Tanto é, que por aqueles dias eu estava trabalhando num texto que, para minha máxima surpresa e espanto,
descrevia a maternidade como pura violência e tortura. De
acordo com os dois autores, pertencentes a gêneros humanos diversos (entre os vários que hoje em dia querem
porque querem nos convencer que existem), a sensação de
ter um outro ser crescendo dentro do seu corpo só pode
resultar num incômodo indescritível, coisa desagradabi-
líssima. Além disso, a já mencionada onda de hormônios
frequentemente resulta num estado de coisas que só pode
ser comparado a uma psicose, para nem lembrar o aborre-
cimento inacreditável que é ter o pé de uma outra pessoa
encaixado sob as suas costelas, sua bexiga com a capacidade incrivelmente diminuída e a extrema inconveniência de
ter sua barriga constantemente chutada pelo lado de dentro, pior ainda, de ver membros humanos se delineando
por baixo da sua pele — um verdadeiro pesadelo, somente
comparável a certos filmes de horror de segunda categoria
dos anos 1980, quando técnicas de 3D e efeitos especiais
digitais ainda não existiam.

Juro por Deus, meus amigos, não estou exagerando
nem um pou... bem, talvez eu esteja exagerando um pouquinho. Mas era esse mesmo o conteúdo do tal artigo, cuja
conclusão justificava o "mais do que natural" impulso fili-
cida, somado ao ódio e à manipulação sexual dirigidos ao
infante recém-nascido assim que o pobre se encontra fora
do útero.

Fiquei pensando. E cheguei a duas conclusões. A primeira foi ter entendido a sorte que tive de ter sobrevivido a todos esses impulsos assassinos e tendências invasivas por parte dos meus pais, tanto físicas quanto mentais, apesar de tantas questões resultantes da educação com as quais ainda tenho que lidar. A segunda foi que, por mais que eu tentasse, não conseguia imaginar nenhuma alternativa viável para manter a humanidade no seu devido rumo que, ao mesmo tempo, pudesse poupar as sacrificadas futuras mamães de tal obrigatório sofrimento. A não ser, é claro, que futuras conquistas tecnológicas — entre elas, como eu estava lendo hoje mesmo, um jeito muito melhor e mais prático de atingir o orgasmo através do sexo com robôs — nos permitam, sei lá de que jeito, gerar e gestar um bebê através de um aplicativo no celular.

Honestamente, fico agradecida, feliz de saber que provavelmente estarei morta e enterrada quando se materializarem as assustadoras análises e predições "liberais" e "respeitadoras da diversidade" que têm cercado os mecanismos mais básicos de sobrevivência da humanidade.

Quanto à minha amiga, à guisa de consolo fiz questão de lembrar a ela que "os mais bem-traçados planos de ratos e homens terminam frequentemente num fracasso retumbante".

A HISTÓRIA DO MEU DENTE

Quando acordei cedo na quinta-feira de manhã (cedo demais, ainda era praticamente noite), me dei conta de repente de que era o primeiro dia de outono, minha atual estação preferida (sem trocadilho). Daí me virei para o outro lado e fingi que iria dormir até mais tarde para variar, como se nada houvesse me esperando na longa lista de tarefas do dia.

Minha agenda por estes dias tem estado tão sobrecarregada que me sinto exausta antes mesmo de acordar, o que não se deve somente ao excesso de projetos sendo tocados simultaneamente, mas também à enorme quantidade de novas habilidades que tenho precisado adquirir para levá-los a cabo. Isso, para nem mencionar o fato de que até mesmo o meu cérebro está se aproximando perigosamente de seus próprios "anos outonais".

Ontem, por exemplo, tive que enfiar na minha cabeça em poucos minutos o até então desconhecido conceito de "índice de inclinação do telhado", coisa da qual nunca tinha ouvido falar na faculdade de arquitetura, mesmo porque, antes de desembarcar por estas bandas, meu "estilo" favorito de casa não tinha telhado nenhum, um sério obstáculo que tive que ultrapassar para me transformar numa "sul-carolinense" de coração, no momento em processo de construção de sua casa sulista em estilo Craftsman ["artífice", em tradução livre]. Finalmente!

Tudo bem. Vamos fingir que nem estou percebendo o elefante no meio da sala, isto é, o tão aguardado lançamento da versão em inglês do meu romance *Sem graus de separação*, que deverá ocorrer no dia 15 de novembro — "minha república" —, 12 anos exatos contados desde o dia em que comecei a escrevê-lo junto com o Alan na internet. Quem sabe num futuro próximo arrumo coragem suficiente para escrever sobre esse arriscado projeto que acabei de completar.

Apesar de tudo isso, isto é, de tantas conquistas importantes na acidentada estrada de imigrante que tenho percorrido aqui nos Estados Unidos — incluindo a publicação do livro e a construção da casa —, o importante tema da semana acabou sendo mesmo a lamentável perda de um dente, imaginem, e as obrigatórias mudanças por que passamos ao longo da nossa vida.

Francamente, o desaparecimento do tal dente, o molar n. 30, não deveria ter me causado surpresa nenhuma. Afinal de contas, nasci sem ele, e também sem seu gêmeo do lado esquerdo, o n. 19: uma perfeita simetria da ausência, apesar de eu de fato ter tido "K" e "T", os dentes correspondentes na primeira dentição.

O Sr. K, acredito, foi o primeiro a se mandar, numa quente manhã de verão no Rio de Janeiro. Quando seu sucessor n. 19 falhou em comparecer, simplesmente o substituímos por uma ponte móvel e ficou por isso mesmo.

Aceitei o transtorno bastante bem, apesar de estar o tempo todo consciente da presença estranha dentro da minha boca, e também da exigência de colocar o humilhante dente falso sobre a mesinha de cabeceira toda noite antes de dormir. Mas a situação se tornou insustentável alguns anos mais tarde, quando, numa luminosa manhã de Carnaval, quando o dentista estava obviamente fora da cidade para o feriadão, comecei também a perder o Sr. T.

Eu andava perdendo coisas demais naquela época, incluindo o meu segundo marido, a quem eu era bem mais pegada do que gosto de admitir. De volta de Brasília, trazendo nas costas um casamento fracassado que havia começado tão bem poucos meses antes na internet, decidi que aquilo tudo já estava passando da conta, e para compensar eu precisaria tomar alguma drástica providência no sentido de evitar ter que lidar com *duas* pontes móveis ao mesmo tempo, ambas tendo que ser retiradas antes de dormir por todas as minhas noites no futuro.

Meu carro acabara de ser batido enquanto estava estacionado na rua de trás do prédio de mamãe, e o lado do carona estava bastante destruído. Então resolvi vendê-lo por trinta dinheiros e investir a quantia num par de implantes dentários, técnica que naquela época estava em seus primórdios no Brasil.

As cirurgias (um dente de cada vez, separadas por duas semanas) foram assustadoras, para dizer o mínimo. Fui deitada numa cadeira de dentista num consultório inteiramente revestido de um tecido azul para fingir que se tratava de um ambiente esterilizado, sobre a qual me mantive de boca escancarada por várias horas seguidas, tendo que aturar a perturbadora conversa dos dois profissionais encarregados, que poderiam ou não saber o que estavam fazendo, sabem como é. Quando eu estava medianamente recuperada da primeira cirurgia, tive que enfrentar a segunda, mais assustadora ainda, não apenas porque dessa vez eu sabia perfeitamente o que me aguardava, mas também porque o bendito cirurgião decidiu fazer dois implantes em vez de um do lado direito, somando ao necessário n. 30 um completamente dispensável e injustificável n. 32.

Meu corpo tampouco apreciou essa ideia. De volta em casa da segunda cirurgia, eu me sentia como se um caminhão tivesse me atropelado, e à noite minha condição se agravou: não consegui adormecer e estava me sentindo meio delirante, com uma febre altíssima. No meio da noite, imaginem, o rebelde implante do n. 32 saltou para fora da minha mandíbula e aterrissou bem no meio da minha boca dolorida, de onde calmamente o tirei, coloquei na mesinha de cabeceira e finalmente adormeci, dor e febre subitamente desaparecidas. Na manhã seguinte, enfiei o implante rejeitado num saquinho de plástico e caminhei pela orla até o consultório do dentista, sentindo um enorme alívio.

— O que a traz aqui hoje? — perguntou o incompetente.

— Isso! — respondi, colocando dramática e triunfalmente o implante rejeitado em cima da mesa.

Ele ainda tentou me convencer a enfrentar um terceiro pesadelo cirúrgico para reparar a cagada, mas eu me recusei enfaticamente. E também me negou o reembolso do montante pago adiantado pelo futuro dente a ser implantado, daí reagi com aquelas palavras que jamais deveriam sair da boca de uma senhora educada e saí batendo a porta, indo direto para o Bradesco, onde sustei imediatamente os cheques indevidos.

Francamente, até que dei muita sorte com esses dois implantes ao longo dos anos. Com a exceção de um pequeno conserto no n. 30, do qual não me lembro exatamente, feito obviamente por um outro dentista, vivi em paz e confortavelmente com meus dois falsos dentes por uns bons 20 anos. Até que...

Estávamos indo de carro para Atlanta onde eu deveria renovar meu passaporte no Consulado Brasileiro, quando, de repente, me vi com uma tremenda dor de dente. *Esquisito*, pensei. *Este dente nem é na verdade um dente, como pode estar doendo?* E decidi "encostar" a dor como costumo fazer, tentando me convencer de que se tratava de uma simples nevralgia associada à crise de enxaqueca. Só que não. Quando finalmente criei coragem para investigar devidamente o incômodo, descobri que o dente implantado estava completamente bambo, e isso, na véspera de um feriadão, para variar.

Quando finalmente consegui uma hora no dentista depois de uns cinco dias (e olhem que ainda dei sorte de saber para quem ligar), descobri que meu dente não teria mais salvação: o implante tinha quebrado no meio, dentro do osso na minha mandíbula. Mas também pode ser que estivesse quebrado desde o início, vai saber... Pesquisei, e não demorei a entender que uma fratura desse tipo é uma ocorrência bastante rara, para nem mencionar que "extrair e substituir um implante dental fraturado é um procedimento cirúrgico complexo". No meu caso, claro, como nada comigo é assim tão simples, o dentista americano me informou ainda que, por estar muito perto do nervo, qualquer cirurgia seria de alto risco.

De qualquer maneira, seria justo perguntar: qual o motivo de dedicar uma crônica inteira a um assunto tão entediante quanto essa tal "história do meu dente" desde que nasci?

Acontece que me surpreendi demais com a minha reação ao fato de ter perdido o implante: uma situação que há 20 anos seria impensável, insustentável, nesse momento sequer estava me incomodando. Depois do choque inicial, devo até mesmo admitir que estou bastante inclinada a aceitar a recomendação do dentista e estou pensando o que fazer a respeito:

— Pode parecer horroroso, mas o melhor para você neste caso seria não fazer nada, deixar o dente faltando como está agora.

É bem verdade que a percepção que temos de nós mesmos muda radicalmente à medida que o tempo passa, e o mesmo acontece como nossos valores mais caros. Então, neste momento, por mais que eu examine a minha boca com todo o cuidado e atenção que ela merece, mal consigo perceber a falta do dente, que com certeza passaria para sempre despercebida se eu não tivesse decidido escrever sobre isso, desconsiderando, é claro, minha infatigável língua investigativa.

Por um lado, apesar do quase irresistível impulso de compartilhar tudo nas redes sociais, algo que na verdade deveríamos combater com unhas e dentes para preservar o pouco que nos resta de privacidade, quem liga para o que os outros dizem ou pensam sobre nós, não é mesmo? Até mesmo a poderosa Pina Bausch tinha um dente faltando, podem acreditar, no caso dela uma falha bem mais aparente. Por outro lado, o mundo parece firmemente resolvido a nos obrigar a pensar do jeito que ele quer que a gente pense, e só está piorando. Fico mais pasma a cada dia que passa com o fato de que a "impositiva esquerda", por exemplo, já não se contenta com o fato de estar regulando nossas vidas, e segue nos empurrando seus teóricos delírios, insanamente concebidos em simpósios globalizados onde essa gente maluca alega estar se encontrando com o nobre objetivo de "salvar a humanidade".

Cá entre nós, essas pretensiosas verdades têm se provado tão falsas e intrusivas quanto o meu implante fracassado, e levaram mais ou menos o mesmo tempo para

enfim revelar seus concretos, prejudiciais resultados. Todas essas ideias de esquerda que estão por aí hoje em dia
pareciam tão mais bacanas quanto a gente era jovem, disposta a apoiá-las e a reconhecê-las como justas e solidá-
rias, plenas de promessas, inflacionadas por suas bobagens
modernas...

Pois neste momento, vamos combinar, do mesmo
jeito que o meu falso dente perdido, está passando da hora
de serem finalmente enterradas e esquecidas.

A DAMA DE VERMELHO

Logo em seguida ao primeiro (mas não único) debate presidencial entre Donald Trump e Hillary Clinton, perguntei ao Alan, meu brilhante e autoritário marido americano:

— E aí, Alan, depois de todos esses documentários e debates na TV, você continua firme no seu apoio a Donald Trump para a presidência dos Estados Unidos?

Alan ficou quieto por alguns minutos. Depois falou qualquer coisa, tentando escapar pela tangente:

— Bem. Hum. Eu *nunca* disse que o apoiava. Apenas disse que ele iria vencer. E ele vai.

Como tem sido a regra ultimamente, esta não é exatamente a "verdade verdadeira". A verdadeira verdade — com certeza distorcida pela minha memória evanescente, ou pelo menos é nisso que meus inimigos preferem acreditar — é que o Alan escolheu Donald Trump como seu "candidato" (as aspas são devidas ao fato de que, embora seja cidadão americano, Alan nunca votou e garante que nunca pretende votar) desde o início, quando existiam *18 candidatos republicanos* entre os quais poderia escolher, como fiz questão de lembrar a ele.

Já comigo foi diferente. Ainda bastante traumatizada por ter escolhido Barack Obama em 2008, desta vez decidi optar por alguém mais "conservador", e comecei pelo "desenergizado" Jeb Bush. Mas logo ficou bastante claro que a candidatura de "Jeb" (que não é um nome, mas sim um acrônimo) não iria decolar, e quando enfim me deparei com a dobradinha Trump x Cruz, não tive outra alternativa a não ser escolher... Donald Trump.

Tenho feito o que posso para manter meu voto desde então, mas, francamente, sempre mantendo a mente aberta e observando o tempo todo, analisando cada passo de Trump em sua acidentada trajetória em direção à Casa Branca. Quem sabe. Pode ser.

A princípio, acreditei firmemente que Trump e eu nada tínhamos em comum. Afinal de contas, sempre batalhei com a questão do dinheiro, e além disso fiz sempre a maior questão de manter trabalho e dinheiro em compartimentos separados, nem de longe relacionados — coisa que não faz o menor sentido, reconheço, menos ainda agora que estou morando na América supercapitalista. Deve ser por conta de algum tipo de culpa cristã, sei lá, somado à total rejeição do mui popular e preconceituoso mito que afirma que "todos os judeus nascem financistas".

Não demorei a deixar para trás essa primeira impressão. Descobri rapidinho que Donald e eu compartilhávamos não somente a generosa mania de oferecer às pessoas um nome que as descreva mais fielmente (chamado por alguns de "apelido", por outros de "xingamento"), mas também o vício de enfiar alguns cacos em todas as falas, como, por exemplo, "acredite", ou "podem acreditar". No meu caso, nem precisarei mencionar a mal-humorada resposta que Hillary deu a ele — "não acredito" —, pois sempre que escrevo "podem acreditar" numa crônica quero afirmar (ou aconselhar) exatamente o contrário.

Com tudo isso, mesmo depois do tal primeiro debate desta semana, continuo trumpista. Deplorável. Podem acreditar.

Hillary tinha tido uma semana difícil, tossindo, tropeçando, caindo, e ainda enfrentando aquela maldita pneumonia. Pobre velha senhora... mal posso imaginar a dureza que vem sendo forçada a enfrentar durante essa impiedosa campanha presidencial... que, por outro lado, não passa de um teste simplificado. Por mais difíceis que sejam tais desafios, não passam de uma "amostra grátis", não chegam nem perto daquilo com que os candidatos deverão se defrontar, caso não apenas atinjam seu objetivo de "agir como presidentes", mas venham realmente a ser eleitos para o mais alto cargo do país, permanecendo como presidentes, entra dia, sai dia, pelos próximos quatro anos, que tremenda aporrinhação, nossa mãe.

Mas quando ela adentrou o palco na noite de segunda-feira, qualquer um poderia perceber que ali estava uma vencedora. O terninho vermelho, embora escondesse cuidadosamente braços e pernas — como tem sido o "estilo" da candidata há alguns anos, provavelmente devido a uma lamentável celulite tão aparente quanto a minha —, caía-lhe como uma luva, e Hillary estava radiante, desafiadora, esbanjando autoconfiança por todos os lados. O cabelo parecia macio, revigorado, iluminado por mechas brilhantes, reflexos "solares" recém-aplicados, em franco contraste com a aparência cansada e algo descuidada de alguns dias atrás. A maquiagem também estava perfeita, escondendo a idade sem exageros por detrás de uma máscara suave, criada com engenho e arte, à qual sempre que possível ela adicionava sua luminosa risada, mais aquele charmoso "dar de ombros" que se tornou num instante a marca registrada do evento. Uma verdadeira estrela.

Quem poderia derrotá-la? Certamente, não aquele Trump de sempre, com seu cabelo esquisito, velho milionário nojento, truculento e machista. Que, por sinal, revelou-se incapaz de ficar calado e assim evitar se vangloriar de sua desprezível "esperteza empresarial". Totalmente inaceitável, vamos combinar.

"Francamente" (outro famoso "caco" frequentemente usado por Donald Trump), com tanto teatro e tantas técnicas avançadas da mídia especialmente criadas para fazer vocês pensarem exatamente aquilo que "eles" querem que vocês pensem, não me surpreende nem um pouco que uma (mínima) maioria dos americanos e a vasta maioria do resto do mundo já tenham escolhido Hillary, sem pestanejar. E essa gente sabe o que diz, tenho absoluta certeza. São todos doutores em política americana, principalmente se levarmos em conta os perigos e complexidades do mundo atual, não é mesmo?

Já eu, por exemplo, 40 dias antes das eleições devo confessar que não faço ideia de qual opção seria a melhor, mas Hillary sei que não é. Especialmente depois que meu amado Obama provou, sem sombra de dúvida, que desde o primeiro dia estava mesmo preocupado era com seu "legado", apesar de suas palavras bonitas, que poderiam ou não se transformar em fatos. E via de regra não se transformaram, como o tempo veio a demonstrar.

Como um obrigatório parêntese, já que também sou "do ramo", eu não poderia deixar de apontar a suspeita semelhança entre o festejado logotipo da campanha de Hillary e aquele outro de uma conhecida agência governamental americana. Mais ainda, trata-se da derradeira tentativa de se materializar uma antiga profecia política: "Oito anos de Bill, oito anos de Hill". Fim do parêntese.

Principalmente esta semana, dá uma tristeza danada constatar a real postura dos políticos hoje em dia, men-
tirosos e desonestos em sua maioria, além de desdenhosos
das verdadeiras necessidades e dificuldades do povo sob
sua gestão. Isso, porque acaba de deixar este mundo um
político às antigas, um típico exemplo de bondade e reti-
dão (ou pelo menos é o que eu sempre soube, ou gosto
de acreditar), o último líder fundador do Estado de Israel,
Shimon Peres, enterrado nesta sexta-feira. A História virou
uma página.

Honestamente, não faço ideia da direção que este
mundo está tomando, mas depois de tantos meandros e
voltas do destino, e dos perturbadores resultados das bandeiras revolucionárias que a nossa empenhada geração fez
questão de levantar (na versão em inglês fiz um trocadilho intraduzível, infelizmente, já que a geração nascida nos
anos 1950 é chamada aqui de "*baby boomers*", isto é, nascidos no *boom* de bebês do pós-guerra, aos quais chamei na
crônica de "*baby-bummers*" ou "avacalhadores de bebês",
em tradução livre, e sei que vocês me entendem), é meio
revigorante poder-se ao menos manter a *ilusão* de que
alguém "lá em cima" pratica o bom senso, o "pé no chão"
do nosso cotidiano mediano. E esta pessoa não é Hillary,
mas Donald Trump. Para nem mencionar o fato de que
espero, sinceramente, que ele se cerque de gente capaz e
experiente, "pé no chão", mas com muita informação, uma
equipe competente que passe a defender e buscar um progresso atingível e alguns objetivos úteis e realistas.

Eu tinha planejado terminar minhas ruminações de
hoje citando uma frase brilhante que escutei na TV no outro dia, comparando alguns gigantes da história americana,
como Harry Truman, que reconstruiu uma Europa arrasa-
da depois da Segunda Guerra, ou mesmo Ronald Reagan,

conhecido por ter derrubado o mito do "bom comunista", a Barack Obama, cujo verdadeiro legado a longo prazo deverá se limitar a ter concedido aos transgêneros o direito de usar o banheiro de sua preferência. Mas, infelizmente, não anotei na hora, e agora não consigo mais encontrar, um pecado imperdoável para qualquer cronista digno da profissão. E por este mau passo, aí sim, peço aos leitores as minhas mais sinceras desculpas.

HOME IS WHERE YOUR HOUSE IS*

*Vamos começar a crônica por uma nota: não traduzi o título acima porque se trata de uma brincadeira com a letra de uma música muito popular há alguns anos entre os adeptos de Osho, ou Shree Rajneesh: "*Home is where your heart is*". O primeiro quer dizer: "Lar é onde a sua casa está"; e a segunda, "Lar é onde o seu coração está". Já deu para entender, certo?

Isso dito, vem mais uma pergunta: você aí, já perdeu US$ 915.729.293 num investimento em imóveis?

Acredito que não. Nem eu. E, para ser honesta, não faço a menor ideia do que significa um montante desses, mas, vamos combinar: esta semana mesmo hesitei um bocado antes de gastar a módica quantia de US$ 498 para divulgar o livro mais importante que já escrevi na vida, meu maior e mais significativo projeto... com a exceção dos que se seguirem, claro. Pode ser que por isso mesmo eu jamais tenha conseguido me tornar um sucesso (financeiro) nos negócios, vai saber. E talvez seja a hora de mudar, de decidir aceitar a pura essência do verdadeiro capitalismo que está por trás do *American Way of Life*. Como Trump sempre fez. Aliás, apesar da minha renda modesta, devo confessar que

fiz o que pude e o que não pude, com a ajuda de um contador, para aproveitar todas as deduções possíveis na minha
primeira declaração de imposto de renda em terra americana. Vocês acham que estou errada?

Bem, eu estava com tudo em cima para escrever mais
uma crônica sobre política americana — pois é, de novo —
quando percebi, subindo a sinuosa serra em direção ao nosso lote em Paris Mountain para acompanhar a obra da nossa
casa, que tinha outras batalhas com as quais me preocupar.
E apesar de já ter escrito uma boa quantidade de livros (pelo
menos em português), ter plantado um bocado de árvores
e construído uma casa maravilhosa no Brasil, a obra dessa casa na Carolina do Sul constitui indiscutivelmente meu
maior desafio até hoje. Vou ter que deixar o filho de lado,
pois é, infelizmente ("escrever um livro, plantar uma árvore,
criar um filho", vocês se lembram) — embora com certeza eu
tenha brincado um pouco de mãe com o maior prazer, não
só com meus enteados, mas também com as duas centenas
de autores que publiquei até agora, e que consideram a KBR
como um tipo de família, família literária, pelo menos.

É difícil descrever como me senti quando vi pela
primeira vez a casa imponente, em toda a sua altura por
cima da pirambeira; e ficou mais duro ainda quando decidi atravessar (engatinhando, tremendo de medo ao cruzar
a tábua frágil e estreita) o fosso de um metro de largura
por dois de profundidade que circunda atualmente o nosso
castelo particular no topo do mundo — eu não aguentaria
adiar por nem mais um minuto a hora de satisfazer meu
desejo intenso de adentrar aquela casa. Para nem mencionar a igualmente indescritível emoção de testemunhar
aquele projeto no qual você trabalhou em duas dimensões
por dois anos inteiros adquirir uma terceira bem à frente
dos seus olhos: um prazer inenarrável!

Trata-se, neste momento, do projeto nº 29, isso, somado ao elaborado por um arquiteto "profissional", que teve que ser descartado porque era impossível de construir no local, imaginem só. E ainda vai ser preciso um bocado de sintonia fina, para nem mencionar a complexa tarefa de escolher todos os acabamentos e revestimentos, considerando que cada pequeno detalhe deverá ser objeto de extensa discussão, já que Alan está almejando a "perfeita qualidade americana". No lugar certo, desta vez.

Enfim, de qualquer maneira já dá pra sentir o fato de essa tão longamente aguardada edificação estar tomando forma como uma espécie de milagre, algo que durante os últimos 24 meses nos pareceu um sonho impossível.

Não foi nada fácil. Está fazendo exatamente dois anos que chegamos aos Estados Unidos, de minha parte como uma imigrante em potencial, com nosso patrimônio (magrinho, como não custei a descobrir) resultante da venda de outra casa dos sonhos que deixamos para trás, juntamente com nossa vida periclitante no Brasil.

À época daquela outra construção no meio da Mata Atlântica, jurei por Deus que nunca, mas nunca mesmo eu iria me meter de novo numa empreitada pirada dessas: cada mínimo detalhe teve que ser objeto de extensa discussão (e traduzido para o inglês e vice-versa, porque o Alan nunca aprendeu uma só palavra em português), já que Alan estava almejando a anteriormente mencionada "qualidade americana" — que, obviamente, é inexistente no Brasil, um país sem padrões, onde praticamos a arte do improviso em todos os aspectos da vida nacional, entre eles a construção de uma casa.

Ainda lembro perfeitamente o desespero do Alan quando descobriu que a parede dos fundos do segundo andar estava completamente torta. Para nem mencionar a decepção dele quando viu pela primeira vez a bela janela panorâmica da sala de jantar... ainda dividida em duas aberturas tímidas, modestas, estreitas demais, que logo foram substituídas pela abertura definitiva com a eliminação de alguns tijolos.

Certo dia, acordei em pânico no meio da noite, acordei o Alan e comuniquei a ele que a porta do banheiro da suíte tinha sido montada no caixilho abrindo na direção errada, coisa que, curiosamente, eu não tinha percebido enquanto estávamos na obra. E eu estava certa; foi a coisa que mais trabalho deu para consertar durante a construção. Mas assim que nos mudamos para lá, tivemos como resultado seis anos maravilhosos e intensamente produtivos, até que a situação do Brasil começou a degringolar para além do que poderíamos enfrentar.

Eu estaria mentindo se dissesse que hesitei por um minuto sequer antes de decidir vender a casa e ir embora para outro país. A cereja do nosso bolo foi encontrar o casal ideal, que valorizaria e cuidaria bem do nosso paraíso, e que até hoje nos envia fotos para mostrar como as rosas do Alan estão sendo muito bem tratadas: a herança que deixamos para outros curtirem, um toque de arte, engastado como um diamante branco no alto daquela montanha distante, localizada nas cercanias do Rio.

Como Alan costuma dizer, nunca entendi por quê: "Ou você vive num santuário ou você o possui". Na verdade, ele diz "monastério", mas nossa casa no Vale do Sossego estava mais para santuário mesmo, com a imponente massa de granito logo em frente e sua misteriosa inscrição triangular, mais os pássaros, macacos e árvores floridas no nosso entorno. Pois nós moramos nele e também o possuímos. Até que o deixamos para trás para embarcar numa jornada que não tínhamos a menor ideia de aonde nos levaria, embora o Alan acreditasse que sabia...

Devo confessar que neste momento estou tão exausta de toda esta saga que tivemos que enfrentar que mal posso relembrar tudo o que aconteceu desde então: como tivemos que começar do zero, construir crédito, construir credibilidade, estabelecer as relações ideais.... Hoje, felizmente, posso afirmar que contratamos as pessoas certas. Embora, é claro, Alan fique com um pouco de inveja a cada vez que nosso empreiteiro aceita uma sugestão minha... bem, paciência.

E aqui estamos, correndo de novo essa maratona construtiva, preocupados com cada mínimo detalhe, prontos para deixar nossa marca de novo, mais uma herança, mais uma obra de arte no topo de uma montanha. Uma coisa bem interessante é que quando entramos na casa nova pela primeira vez, Alan ficou de novo decepcionado com a janela panorâmica da sala de estar (embora desta vez, vamos combinar, não esteja deixando nada a desejar, de verdade mesmo). Então ele pediu ao empreiteiro para derrubar um pedaço, desta vez feito de umas pranchas de compensado como é a praxe local.

A história se repete, isso é um fato. E a cada vez que isso ocorre estamos mais bem preparados, mais amadurecidos, mais experientes. No nosso caso específico, depois de quase 12 anos de tantas conquistas (e seguimos conquistando), devo admitir que ainda estamos empacados na nossa guerra de egos original, conforme o previsto pela nossa sinastria já nos primeiros dias do nosso relacionamento na internet. Mas, como todo mundo sabe, não acreditamos em Astrologia, e, por falar nisso, em nada nem ninguém a não ser a gente mesmo. Ou pelo menos é nisso que gostamos de acreditar (embora Alan com certeza vai sempre afirmar que acredita também em Deus).

Nada mal para um novo começo de ano, não é mesmo? (Estou falando do ano judaico, obviamente.)

APOCALIPSE AQUI E AGORA

Mais uma vez vou ter que começar a versão da crônica em português com uma explicação: o ritmo dos acontecimentos está tão vertiginoso que um texto escrito há 3 dias deveria, a bem da atualidade, ser jogado no lixo. Mas como ele contém algumas ideias nas quais sincera e verdadeiramente acredito, resolvi preservá-lo. Deem, portanto, os descontos necessários, principalmente tendo em vista a enxurrada de mulheres abusadas por Trump que nas últimas 24 horas despertaram do anonimato como por encanto e se fizeram públicas. Se são sinceras ou não, na verdade pouco importa. O dano à nossa consciência moral já foi feito, e pelo visto ninguém está se incomodando, pois "um valor mais alto se alevanta": a vitória do Partido Democrata nas próximas eleições americanas.

***

Honestamente, estou perplexa demais para me posicionar tão cedo, principalmente considerando que não tenho uma noção completa do que está ocorrendo.

Apesar de seu acachapante sucesso em enganar o povo americano — levado a acreditar que Hillary Clinton é nossa "salvação definitiva" —, o indispensável *New York Times* (e aqui não estou sendo irônica de jeito nenhum) e outros poderosos canais midiáticos acabam de lançar sua última (ou talvez mais recente) cartada, num movimento desesperado, anunciando em suas manchetes a ameaça apocalíptica da "Hillary Clinton dos Últimos Dias": "A derradeira proteção de vocês contra o Apocalipse sou eu".

Eu sei, parece piada. Mas não é. A foto da manchete está no Google para provar que um dia existiu. Resta-me perguntar: por que essa gente está fazendo isso?

Pô. Peraí. Essa coisa de Apocalipse na verdade não existe, não passa de uma datada fantasia bíblica que já deu o que tinha que dar em meio à grossura que impera na nossa contemporânea "sociedade da informação" — ops, quase escrevi "deformação". Ou talvez, quem sabe, tal amargo fim seja apenas um pouco pior do que esse estado de coisas que nos empurraram goela abaixo, graças a uma envolvente incompetência política, e que inclui obrigatoriamente o ISIS, a Síria e outros aborrecimentos desse calibre.

Estamos vivendo num verdadeiro inferno, meus amigos, embora, de certa forma, o inferno pareça estar longe para quem mora, por exemplo, nos Estados Unidos. Vou ter que confessar que, especialmente depois das mais recentes perorações de porão publicadas online por Robert de Niro esta semana, somadas às chocantes revelações dos comentários sexistas de Donald Trump emitidos pelo bilionário num ônibus em Hollywood (11 anos atrás), eu estava quase a ponto de acatar tais argumentos assustadores, enfiar a viola no saco e descartar o candidato Trump de uma vez por todas, pronta a me desculpar por meu lamentável equívoco.

Mais aí essa descabida retórica apocalíptica me fez acordar. Que diabos eu achei que iria acontecer?

Passei a semana inteira penosamente discutindo comigo mesma sobre se deveria me posicionar a favor ou contra a "machidade" (sei muito bem que esta palavra não existe, acabei de inventá-la, ok?). Pouco mais da metade dos machos da nossa espécie se distanciou convenientemente dos rudes comentários de Trump de que iria "agarrar fulana pela xoxota" ou algo assim. A outra metade e pouca confessou que, embora possa ter verbalizado tais inconvenientes palavras em algum ponto remoto de sua vida de machos, certamente não fez nada nem de longe parecido recentemente, e não planeja fazê-lo nunca mais.

Cem por cento dos maridos dedicados no mundo inteiro fizeram o possível para se mostrarem sensatamente alheios a esta ultrajante evocação dos genitais femininos. Menos o meu (marido, digo). Cem por cento das fielmente felizes esposas fizeram questão de afirmar que seus maridos "nunca, jamais diriam isso". Com a exceção desta que vos escreve.

Tá bem. Talvez tenha sido ingenuidade de minha parte mostrar sem nenhum pudor, no meu romance *Sem graus de separação* (agora também em inglês), como o meu atual marido de 12 anos e eu conseguimos nos conquistar mutuamente, incluindo almas e corações, e, por que não dizer, xoxota e pau, através de um diálogo sexual na internet. Imaginem se fôssemos "pessoas que contam", no nosso invasivo, constantemente *hackeado* mundo de hoje, o tipo de pessoas que têm nas mãos o destino de bilhões, mãos com frequência bastante sujas, vamos combinar. Nossa "conversa suja" teria, com certeza, caído nas mãos erradas, mal-intencionadas, e nós estaríamos, literalmente, fodidos. Mas essa íntima conversa suja na verdade salvou nossas vidas, impelindo nossas solitárias, culpadas e lamentáveis naturezas humanas em direção a um futuro amoroso.

No início, quando o encontrei ao vivo e comecei de fato a conviver com ele sob o mesmo teto, estranhei, e até me choquei um bocado com sua masculinidade "sem refinamento". Nada demais, sério, apenas a força da energia dele pairando no ar e dominando o lugar, sua disposição, seu poder de pensamento (e ação), algo que eu nunca tinha visto ou sentido antes, nem muito menos esperado de meus maridos anteriores, que embora não fossem exatamente "maricas" (nossa, palavrinha antiga, mas não me veio à mente nenhuma outra), eram certamente mais garotos do que propriamente homens, apesar da idade. E com certa deficiência cultural em sua masculinidade.

Meu marido me conta com seu estilo sem firulas que, como praticava esportes quando jovem, ouviu um bocado dessas "conversas de vestiário" — conforme as descreveu Trump —, outra expressão que acaba de cair em desgraça no nosso linguajar cotidiano. De minha parte, escutei-o dizer muitas vezes as palavras malditas sobre a anatomia feminina, e até escrevê-las vezes sem conta. O Alan, digo. O que penso é que estamos precisando de redefinir, com a máxima urgência, nossas abandonadas noções de "público" e "privado". Para o nosso próprio bem e sanidade mental.

Deixo bem claro que, como homem, Donald Trump não me atrai em absoluto. Eu nunca permitiria que ele me tocasse "lá embaixo" só porque é famoso, um bilionário que não se pode ou deve mencionar, ou, coisa que ninguém quer aceitar, um presidente americano em potencial. São coisas que, francamente, não têm a menor importância para mim, e jamais as usaria em benefício próprio tampouco, em nenhuma circunstância. Mesmo assim, aprecio o serviço que Trump está nos prestando, ao apontar uma por uma, intencionalmente ou não, as hipocrisias de nosso tempo, coisas que estão verdadeira e inexoravelmente nos matando, nos colocando em perigo. Seja apocalíptico ou não.

Depois de todos esses anos de feminismo, as mulheres de hoje parecem ter se transformado em "gatinhas manhosas" ridículas, que chamam tanta atenção para suas próprias xoxotas, e são tão frequentemente vítimas de abuso, que nada mais que lhes diga respeito parece ter importância. O que aconteceu com nossa linda revolução sexual? Com o amor livre? Com garotas podendo escolher à vontade com quem queriam se deitar? Muito do que se ouve e diz sobre esse assunto é realmente doloroso e digno de vergonha. Mas, por outro lado, boa parte das queixas descreve atos que na verdade não passam de... sexo humano como ele é, um homem e uma mulher numa troca física essencial para a preservação da nossa espécie. E me parece urgente que não apenas aprendamos, mas também que enfatizemos a diferença entre as duas coisas.

Hoje, depois da revelação muito clara de que uma "agenda do medo" está realmente em curso, e operando a todo vapor — o que, vamos combinar, dá até um certo alívio, porque agora podemos não apenas senti-la, mas também vê-la e ler sobre ela —, estou sentindo muita raiva, e muito medo também. Mas preciso ser muito clara: não é dos Donalds Trumps desta vida que sinto medo, mas de seus detratores, daqueles que estão fazendo tudo o que podem e o que não podem para tornar-nos mais fracos, dependentes e adormecidos.

É preciso acordar, América. É preciso acordar, todo mundo. E devemos fazê-lo neste exato momento, ou será finalmente tarde demais para voltar atrás.

Sociedade Engolidora de Pílulas dos Estados Unidos da América

Sério, eu tinha certeza de que não iria escrever esta semana. Estava muito contrariada, e tenho feito o possível para não escrever sobre coisas que me chateiam, porque isso não tem me ajudado em nada, apenas piora o mau humor do momento. Afinal de contas, a vida tem nos batido o suficiente.

Mas ontem fui bruscamente acordada pelo nosso empreiteiro às oito da manhã... Tá bem. Tudo bem que isso soe meio absurdo, mas nessa jaula escura onde temos vivido há anos (dois anos, para ser exata), mais escura ainda nestes últimos dias do horário de verão aqui nos Estados Unidos, era praticamente noite fechada.

E eu estava sonhando, gente.

Não tenho dormido muito ultimamente, já que ainda não me integrei completamente à Sociedade Engolidora de Pílulas dos Estados Unidos da América, o que deverá acontecer em breve, assim que eu adentrar meu 66° ano de vida. Isto é, se "sabe-se lá quem" for eleito presidente e decidir preservar o INPS local e o sistema de saúde oficial, além dos direitos normais dos humanos e o de carregar armas, entre tantos outros. Como escutei mais cedo num programa de rádio, isso deveria incluir o "direito de fazer sexo e ser engravidada por uma pessoa, e de exigir que esta pessoa não seja feia nem indesejável", e também o indiscutível direito de escolher o banheiro e de obrigar o seu médico a "fornecer uma histerectomia", caso você esteja cansada de ser mulher neste mundo de homens, e mais, de ser encorajada a limpar, lavar e cozinhar... e a ganhar dinheiro suficiente para sustentar a casa, e ainda parecer jovem e descansada o tempo todo. Mais ainda, capaz de falar um inglês perfeito caso você seja estrangeira como eu, e ainda provar que é um gênio em qualquer tipo de atividade que você decida abraçar, inclusive a construção de uma casa nos Estados Unidos... Já basta. Cala a boca de uma vez por todas e "constrói" este tão invejado pênis logo de uma vez.

Pois então, eu estava sonhando. No sonho, tinha encontrado esse escritor cujo livro estou no momento traduzindo para o inglês, com quase um ano de atraso. O homem é um santo, francamente. Ou quase. Trata-se, pelo menos, de um peregrino legítimo, caminhando de Canterbury (na Inglaterra) a Roma através de espetaculares paisagens europeias, vales, montanhas e ruínas. A noite passada, por exemplo, ele estava procurando um lugar para dormir enquanto eu ralava para completar a "cota" do dia. Não consegui chegar lá, nem ele, em particular nesse inspirador trecho de texto. Quando o encontrei no sonho, no entanto, ele não estava caminhando, mas andando de bicicleta. E quando ele passou por mim à toda, gritei triunfante: "Toma! Um quarto do texto já pronto, finalmente!"

Quando o ruidoso telefone tocou, o peregrino já estava se afastando. Pulei da cama e dirigimos montanha acima sem sequer nos conceder um café, Alan e eu. Não queríamos nos atrasar para a reunião.

O problema da vez é que, sendo inexperiente em telhados como todo mundo sabe, quando vi o nosso recém-erigido teto, sob o qual supostamente viverei pelo resto da vida, levei o maior susto. Fiquei chocada mesmo, devo admitir. Não se parecia nem um pouco com o meu sonhado projeto.

Durante meu sono precário, eu já tinha percebido, subliminar, embora fidedignamente, que havia uma janela sobrando no alto do telhado. Por motivos desconhecidos, afirmava meu inconsciente, eram sete em vez de seis. *Et voilà*, quando cheguei lá, tinha mesmo uma janela a mais.

"*¡Oye! ¿Dónde están los planos?*" perguntou o empreiteiro, em seu espanhol sofrível.

Eu estava em vantagem nesse caso, já que meu espanhol é bem melhor que o dele. Além disso, eu já tinha discutido o assunto com o mestre de obras mexicano no dia anterior, no meu próprio espanglês sofrível (e pior, com sotaque brasileiro), e estava toda prosa por causa disso. Mas não custei a descobrir que esse mestre de obras, na verdade, cumpria ordens de Marco, outro mestre de obras longe do meu alcance, que, por sua vez, obedecia ao nosso empreiteiro americano — tudo isso pelo celular, imaginem, já que Marco nunca tinha pisado na obra. Pois um minuto depois de Rodolfo e eu termos entrado num acordo sobre as janelas no telhado e outras coisas cruciais, os chefes principais estavam trocando furiosos telefonemas no celular, cada um vociferando em sua própria língua. Enquanto isso, minha mente "Bauhaus-laje-plana" estava cortando um dobrado para entender que diabo tinha acontecido com meu design sul-carolinense, "adaptado", o mais fielmente possível, ao estilo Craftsman local, no qual eu tinha feito questão de manter o telhado o menos inclinado possível, apenas o suficiente para engabelar a comissão de arquitetura do nosso condomínio.

A situação estava claramente degringolando. Olhando montanha abaixo do futuro janelão da sala de estar, dava para ver os pilares metálicos — que, em algum momento, deverão sustentar nosso flutuante terraço — dolorosamente espicaçando o terreno revolvido uns oito metros abaixo. Um fenômeno!

— Tudo nessa casa é fenomenal, gigantesco — declarou nosso empreiteiro americano, tentando me convencer de que o monstruoso telhado estava em prefeita ordem.

— A gente deveria cravar uma cruz bem no alto desse pé-direito de igreja — disse o Alan, sarcástico, se referindo à altura absurda.

Sendo a "pessoa encarregada" do caso, eu já tinha passado boa parte das minhas horas de insônia matutando sobre meus lamentáveis fracassos "telhadísticos", e tinha decidido, na calada da noite, que traçaria o que viesse, e trataria de me acostumar o melhor possível com o resultado. Afinal de contas, como uma adepta brasileira de telhados planos, eu não entendia absolutamente nada de peso de neve, nem muito menos de proteção térmica ou isolamento de janelas. Pô. Peraí. Tô realmente precisando de dar um tempo.

Mas o empreiteiro não iria deixar barato. Ele estava determinado, não somente a fazer o que era certo, mas também a me fazer "feliz". E estava se empenhando ferozmente nisso. Nossa reunião matinal durou mais de duas horas, durante as quais ele fez o que pôde para me convencer daquilo de que eu mesma já tinha me convencido durante a noite de insônia. Isso, apesar de que eu dormia profundamente, e estava até sonhando quando ele me acordou com seu telefonema.

No final, enquanto eu ralava para justificar meu erro quanto à inclinação do telhado, que tinha dado completamente errado, mas acabou dando certo, de acordo com meu próprio projeto equivocado, o empreiteiro me disse o seguinte:

— Quando eu vi seu projeto pela primeira vez, disse a mim mesmo que esta seria uma casinha insignificante, bem apertadinha, embora tenha conseguido convencer o banco de que se tratava exatamente do contrário. Mas, curiosamente, quando a gente entra nessa obra tudo parece maravilhoso, majestoso até: o teto alto, a vista espetacular, as janelas e portas gigantescas, tudo funciona maravilhosamente bem no conjunto. Portanto, enquanto você achava que estava fazendo tudo errado, acabou fazendo tudo muito certo.

— É. Pois é. Obrigada — respondi, ainda na defensiva. — É esta, exatamente, a definição de "arte". Pode até ser obra do acaso, ou algo feito meio às cegas, mas dá perfeitamente certo no final.

E é o que espero que aconteça com a nossa inacreditável construção. Nesse meio tempo, enquanto estávamos mergulhados nas nossas discussões construtivas altamente filosóficas, em busca de uma melhor qualidade estética de vida, mal sabia eu que a internet tinha sido hackeada, e o nosso fragilmente maravilhoso castelo de cartas conectado estava vindo abaixo nas duas últimas horas em boa parte do território americano.

É. Os russos estão chegando, é o que andam dizendo. E querem acabar com a nossa festa de uma vez por todas.

"Narrativa" de uma reta final

Francamente, não me lembro de um ano em que eu tenha perdido tantos amigos de uma só vez.

Bem, fazer o quê. E não quero dizer que os perdi "para a morte", nada disso, embora na minha idade isso vá se tornando cada vez mais comum, mas que os perdi... no Facebook.

Tudo começou aí no Brasil, por conta da radical virada política, na qual se demonstrou que aquele partido que estava no poder por uns... humm... mais ou menos 14 anos, era um bocado corrupto, e pior, indubitavelmente incapaz de governar.

Quando falo neste assunto aqui nos Estados Unidos, tenho certeza de que o pessoal não entende de que tipo de corrupção estou falando, ou de que tipo de incompetência. Tivemos uma sorte danada de conseguir manter o país vivo e funcionando. Vejam, por exemplo, o que ocorreu, e ainda está ocorrendo na Venezuela.

Mesmo assim, o Brasil ficou dividido. E a comunidade de artistas e autores na qual eu deveria me encaixar — mas certamente não me encaixo, nunca me encaixei — estava seriamente empenhada em negar a realidade. E assim continua. O que descreve a atual "intelligentsia" bem melhor do que qualquer outra coisa.

No final, essas mentes iluminadas não tiveram chance, e a verdade prevaleceu. Vale lembrar que, no Brasil, foi infinitas vezes mais fácil perceber a verdade verdadeira do que está sendo nos Estados Unidos, por exemplo: bastou prestar um pouco de atenção no encolhimento do emprego, da renda, da infraestrutura.

Não sei por que, mas meus instintos mais profundos vêm insistindo, já faz algum tempo, na ideia de que o que ocorreu no Brasil constitui um "estudo de caso" — nesse caso, bem-sucedido, felizmente —, um exemplo claro do que vem acontecendo num mundo em que a esquerda gloriosa vem progressivamente (ok, desculpem o trocadilho) se transformando na "esquerda regressiva".

Tenho visto esse termo sendo utilizado com bastante frequência, mas esta semana fiquei contente de ver que ele foi adotado por um de meus "gurus" do passado, Michael Schermer, editor da *Skeptic Magazine* e colunista mensal da *Scientific American*. Comecei a ler o Schermer regularmente por ele ser uma espécie de "cético oficial", numa fase da minha vida em que eu estava convencida e amplamente envolvida com o sobrenatural e a espiritualidade. Para vocês terem uma ideia, nessa época eu dizia que era "xamã", pensem bem. Mesmo assim, sempre dei um jeito de seguir duvidando, mantendo-me saudavelmente cética, aberta à possibilidade de que as minhas verdades não passassem de mitos, ilusões. Acredito que sempre precisei de ter alguém, ou alguma coisa, me forçando na contramão das minhas expectativas, sei lá, para impedir que eu viajasse demais na maionese, derivasse de vez para o reino fantasioso dos meus desejos — uma tarefa que hoje em dia é desempenhada com perfeição por meu marido Alan.

Voltando ao Schermer, esta semana ele tuitou o que ele mesmo qualificou como "o melhor resumo de um só parágrafo a respeito do problema da esquerda regressiva, do vitimismo feminista e do politicamente correto" que ele já tinha lido, dá uma olhada:

> O feminismo interseccional é uma ideologia repressiva. Infantiliza as mulheres através da monitoração de microagressões e exame de privilégios. Não se trata, realmente, de proteger pessoas vulneráveis, marginalizadas, mas de meios não-liberais de impedir o livre intercâmbio de ideias. (Christina Hoff-Sommers, palestra em Loas Angeles, 2016[2])

Concordei com tudo, e por um breve momento não me senti tão "sozinha neste mundo". Vejam que tremendo poder tem o "compartilhamento do pensamento".

Então, como eu ia dizendo, este ano perdi um bocado de amigos, inclusive algumas novas amigas americanas perdidas para o "vitimismo feminista", um dentre os múltiplos males que têm nos afligido nesta nossa época de intenso compartilhamento de fortes opiniões por gente que, não faz muito tempo, dificilmente se arriscaria a abrir a boca, que dirá se fazer ouvir.

Vocês acham que isso é bom? Acham que é "liberdade de expressão"?

Eu não.

Uma ampla maioria desses novíssimos donos da verdade, apontados como exemplos a serem seguidos e investidos do direito de manipular o público pelo simples fato de frequentarem a rede social, mal sabem o que estão dizendo. Sua "linha de pesquisa" se resume àquilo que ouviram falar — informações equivocadas, ou no mínimo

---

2 Fonte: http://www.campusreform.org/?ID=8228.

incompletas, frequentemente desmentidas antes de o dia terminar. Trata-se, na verdade, da contínua manipulação dos manipuladores, num ambiente mental tão fortemente parcial e sujeito a flutuações que eu o descreveria como "incestuoso". Não faço ideia de por que este termo me veio à mente, mas o acatei mesmo assim.

Aqui nos EUA, que são para mim um ambiente de troca de ideias completamente novo — no qual tive a rara oportunidade de me mostrar de um jeito nunca antes cogitado, já que quando aqui cheguei ninguém me conhecia —, não me custou nem um pouco me posicionar do lado errado. Naturalmente, contra meus óbvios colegas "intelectuais". E desta vez, num círculo muito mais perigoso, com consequências muito mais sérias do que no Brasil. Afinal de contas, meu principal assunto de discussão não trata apenas do futuro dos americanos, mas também do futuro da civilização ocidental como costumávamos conhecê-la.

Isso, estou falando das eleições americanas, nas quais me posicionei a favor de Donald Trump — ele mesmo, sujeito horroroso, nojento, idiota, ignorante, misógino, racista, preconceituoso, desonesto, sonegador de impostos e agarrador de xoxotas. Será que esqueci alguma coisa? Provavelmente.

Uma das minhas perdas mais sentidas e lamentadas nesta temporada de amigos perdidos ocorreu quando critiquei um deles por sua adoração explícita de Michelle Obama. A criatura me cortou imediatamente, nem tive chance de me explicar. Tudo bem, sei muito bem que nesse caso eu estava brincando com fogo: Michelle Obama é território proibido, uma santa nacionalmente incensada, um ícone sagrado. Mas não é nada difícil entender a minha atitude se considerarmos que o amigo em questão é uma pessoa muito famosa no Brasil, amplamente conhecido por seu eterno ativismo contra o *status quo*, crítico social badalado e um ácido luminar do mundo teatral... que agora se bandeou para o lado da esquerda regressiva, como tantos de nossos ídolos mais admirados. Só que, aparentemente, ele ainda não sabe disso. Como milhões de outros da sua "turma", meu ex-amigo acredita firmemente que está do lado dos justos, batalhando, não só pelo bem comum, mas pelo bem absoluto. Mais um manipulador que se deixou manipular para variar, figura impoluta no meio altamente valorizado e amplamente disseminado da grande rede social. Uma pena.

Ironicamente, minha decisão de "votar" em Trump (todo mundo sabe que por ser imigrante não voto aqui nos EUA, apesar de que, no atual estado de "corrupção" do sistema eu bem que poderia votar, se quisesse de verdade) me mantém firme e forte no terreno "do contra". Mais ironicamente ainda, hoje sou contra tudo aquilo que sempre defendi quando era contra o *status quo* na minha juventude, como uma feminista, não nos slogans e palavras de ordem, mas nos atos mesmo, já que me fiz por mim mesma e sempre fiz questão de ser uma mulher completa e indubitavelmente independente de qualquer homem. Exceto, talvez, no quesito relacionamento, já que no nosso "admirável mundo multigênero" acabei me revelando extremamente careta e conservadora enquanto mulher heterossexual.

Há umas poucas semanas, devo admitir, eu estava bastante desanimada, não por causa dos fatos, mas por causa da "desconstrução dos fatos empreendida pela mídia", quer dizer, porque acreditava que Donald Trump seria o candidato da mudança, e ele se encontrava em pleno declínio por conta de seu infinito (e muito defasado) estoque de escândalos pessoais. Mas agora não estou mais. Chegamos, finalmente, à reta final desta temporada eleitoral, felizmente, já que está todo mundo exausto, caindo pelas tabelas (e pesquisas). E, embora ainda persista uma leve possibilidade de que ocorra por aqui um "efeito Brexit", acabei entendendo que, pelo menos, tudo aquilo que a gente apoia e defende acaba tendo um certo efeito na prática, mesmo que a gente neste momento ainda ignore qual seja.

Só por curiosidade, numa aventura social tão marcada por "narrativas" como nunca se viu (vamos combinar, o próprio termo "narrativa" adquiriu um novo sentido) fico tentando adivinhar quem vai acabar ocupando a "casa" mais importante do país. E, não importa o que aconteça, prefiro acreditar que seremos sábios o bastante para lidar com o que vier, e mudar o que não estiver nos agradando — e quando digo nós, quero dizer humanos, e a longo prazo.

É o que nos resta, não é mesmo?

Por coincidência, numa nota mais pessoal, também me encontro numa espécie de "reta final". E embora não saiba exatamente em que direção estou caminhando, pelo menos sei em que casa estarei: naquela que estou construindo neste momento, no alto de uma montanha, onde, provavelmente, terei dificuldade para acessar a internet, o que deve colaborar para me isolar, pelo menos em parte, deste insensato mundo conectado.

Deus me ajude. E Deus ajude os Estados Unidos da América.

TUDO AQUILO PELO QUE VALE A PENA LUTAR

Tudo bem que o Alan tenha lá suas dificuldades para mandar emails e viva me pedindo ajuda, seja para classificar as mensagens de acordo com a data ou seu remetente, ou para anexar um arquivo, uma foto no corpo da mensagem, o que costuma ocorrer com frequência com gente "da nossa idade". Mas Alan, vamos combinar, não é candidato à presidência dos Estados Unidos. Na verdade, está aposentado já faz uns dez anos, não trabalha (embora esteja ralando para construir a nossa casa), nem muito menos tem chance de influenciar pessoas, a não ser, talvez, a mim e aos dois filhos adultos. O que não quer dizer que não seja um sujeito brilhante, capaz de um profundo entendimento dos acontecimentos e capaz até mesmo de prever com bastante exatidão o que está para acontecer, às vezes com antecedência de 10 anos.

Agora, cá entre nós, o que você acha de um(a) presidente(a) americano(a) que não tem uma mínima noção a respeito de como enviar e receber emails? Ok. Boa parte das pessoas não entende nada de tecnologia. Até sabem usar um computador, ou um celular, mas caso ocorra qualquer imprevisto ou problema, chamam o técnico para consertar.

Não é o meu caso. Já pedi ajuda algumas poucas vezes, é verdade, geralmente ao webmaster da KBR. Por sinal, só contratei um webmaster quando o site da empresa cresceu a ponto de se tornar impossível de controlar, a não ser que a pessoa trabalhasse nisso em horário integral. Nosso site, imaginem, hoje em dia tem mais de 500 páginas!

Por essas e outras, tenho acompanhado com grande interesse toda essa polêmica em torno dos emails de Hillary Clinton. Comecei esta semana pesquisando uma coisa chamada "domínio", que é a parte de um endereço de email que vem depois do "@", e descobri que o domínio que ela usou em seu servidor privado, "clintonemail.com", foi registrado pela primeira vez em 2009, o que faz sentido — é o ano em que ela foi nomeada Secretária de Estado. Em seguida foi renovado em 2015, o que quer dizer que, pelo menos, ela pretendia continuar usando. E hoje em dia está válido e ativo até janeiro de 2017. Se isso não caracteriza "intenção" não sei o que caracterizaria.

Os dados do registrar (organização na qual você registra um domínio e paga uma taxa para mantê-lo funcionando) mostram que o domínio de Hillary está hospedado num servidor chamado "worldnic.com". Mas quando a gente acessa esse servidor, recebe um alerta dizendo que "seu computador pode estar sendo alvo de hackers" e não é seguro continuar. Caramba.

Por outro lado, é bem verdade que o domínio de Hillary não tem um site no ar. E, por falar nisso, acaba de ser revelado pelo próprio Julian Assange, do WikiLeaks, que os russos não têm *nada* a ver com hacker nenhum envolvido com os emails vazados da conta de Hillary. Quer dizer, hoje em dia, nos EUA, as pessoas mentem com a maior tranquilidade, e não estão nem aí para as (sérias) consequências de suas mentiras. Dito isso, podemos prosseguir para o próximo ponto: a derrubada de uma candidatura por conduta sexual inadequada.

De Donald Trump? Nada disso. De Anthony Weiner, (ex-)marido de Huma Abedin, braço direito de Hillary, que está sendo acusado pelo FBI de trocar mensagens sexuais com uma menor. Francamente, nada tenho a dizer sobre esse pervertido reincidente, a não ser que foi através da investigação desse crime que o FBI descobriu milhares de emails (650 mil) no computador que Weiner, aparentemente, compartilhava com sua mulher, e que continha emails pertinentes ao caso de Hillary. E foi isso que reacendeu a questão do servidor no porão da candidata a presidente.

Embora não tenha conseguido me transformar numa mosquinha para pousar num pedaço de bolo na cozinha de Hillary, não tenho a menor dificuldade de imaginar a cena. Ai. Meu. Deus. Ela estava tão certa de ter se livrado de vez desse maldito problema!

— E essa agora! — grita Hillary, desalentada. — Que mulher idiota! Que homem mais asqueroso!

Não sei, mas imagino que ela esteja falando de seus amigos mais fiéis, de seus aliados mais confiáveis. Nunca confie num homem inclinado à perversão, alguém capaz de te mandar uma mensagem pedindo para você "tirar a roupa e se tocar sexualmente". A não ser, é claro, que ele seja seu amante e ambos vocês solteiros e descomprometidos, namorando num mundo que troca mensagens o tempo todo. Eu mesma já passei por isso, devo confessar; e junto com um par de outras atitudes românticas, isso mudou radicalmente a minha vida. Melhor: arranjei um marido e um excelente companheiro.

Agora, como pode alguém esquecer que para cada email enviado tem alguém recebendo do outro lado? E que essa pessoa tem seu próprio computador e seu próprio jeito de lidar com ele? Pior, pode ter um companheiro com eventual acesso à máquina, e este pode, por sua vez... ah, melhor deixar pra lá.

Conclusão: não importa o resultado desta eleição, algo precisará ser mudado na nossa rotina conectada diária, quanto a isso não resta a menor dúvida.

É claro que o presidente dos Estados Unidos não tem que se virar sozinho com seus problemas de celular ou computador, mas agora consigo entender, e até concordar, que era mesmo perigoso para um presidente continuar usando o seu Blackberry como fazia antes de ser eleito. E continua sendo. Não sei se vocês ainda se lembram dessa discussão, que ocorreu com Obama logo depois de sua vitória em 2008. Pode ser prático. Pode ser rápido. Mas algo me diz que, no que se refere a qualquer informação confidencial e altamente pessoal, teremos em breve que alterar nosso comportamento, o que poderá incluir até mesmo nossa vida sexual. Infelizmente, teremos que regredir, minha gente, voltar àquele tempo em que as pessoas se tocavam e conversavam pessoalmente, frente a frente, ou será que ninguém se lembra mais disso?

Bom. Vamos prosseguir, agora para o último assunto em pauta. Semana passada, no Brasil, a maioria dos prefeitos eleitos poderia ser qualificado como "conservador", na maior queda anunciada do PT desde que o partido foi fundado, e não me admira. Mas me deixou matutando: o que teria acontecido com a nossa querida esquerda?

Ah. A esquerda... tudo o que há de mais bacana, de mais justo, tudo aquilo pelo que vale a pena lutar... Tradicionalmente, a esquerda sempre esteve à frente da justiça social, das questões ambientais e de uma miríade de outras coisas cruciais, coisas que verdadeiramente importam, e precisam ser reexaminadas e redefinidas periodicamente. Para ser mais exata, faz tempo que a esquerda *monopoliza* essas questões, se é que vocês me entendem.

O pessoal de esquerda, vamos combinar, sempre foi tudo de bom, não é mesmo? Foi o poder da esquerda, dos progressistas, dos liberais — não importa o nome que se use — que sempre esteve à frente da batalha pelos direitos civis, direitos das mulheres, proteção das minorias. Sempre foram de esquerda os intelectuais, artistas, escritores, gente que se dedica a refletir sobre a vida e tenta sempre evoluir, nos empurrar para a frente, para um mundo mais justo que favoreça igualmente a cada um de nós, e por isso foram perseguidos, injustiçados, muitas vezes com violência, torturados e até assassinados. São nossos mártires sociais, e não devemos jamais esquecer isso. Jamais. Foi essa gente que sempre batalhou a nosso favor e melhorou consideravelmente nossas condições de vida — primeiro sonhando, depois realizando seus sonhos revolucionários. E isso foi sempre o máximo.

Mas, vale refletir um pouco mais longamente sobre isso: toda vez que a esquerda conseguiu o poder, o resultado foi invariavelmente um desastre. Uma vez no poder, destruíram países, sociedades, famílias, culturas inteiras. Perderam o rumo, esta é que é a verdade, e com seus delírios descuidados, sua falta de noção de realidade, quase acabaram nos destruindo a todos. Quero dizer, destruindo a raça humana, principalmente ao tentarem, com seu idealismo exacerbado, manipular e interferir em tudo, até mesmo na nossa biologia.

Estranho, não? Não são essas exatamente as mesmas pessoas que sempre admiramos, os mesmos revolucionários que adoramos, respeitamos, queremos imitar?

Sim. Mas sabem aquele velho ditado, "cuidado com

aquilo que você deseja?" Pois então. Uma vez no poder, não havia nenhuma força expressiva para contrariá-los, quer dizer, uma oposição forte o suficiente para controlá--los, para impedi-los, ao menos por um tempo, de realizar seus sonhos mais caros, mais ousados — e mais alucinados —, sonhos que, embora representem o avanço da humanidade, precisam ser refinados, filtrados, cortados pela metade ou menos que isso, para que sobre somente aquilo que realmente pode funcionar e nos favorecer de verdade. Entenderam? Ouso dizer que não mais de 5% desses sonhos admiráveis são realmente realizáveis.

Mas, uma vez no poder, convencidos de que são simplesmente o máximo, o que há de melhor e mais avançado, acreditando que tudo que fazem é perfeito, maravilhoso, impossível de ser criticado... tudo isso só poderia resultar numa coisa: um de-sas-tre.

Pensem bem: façam uma lista de todas as questões sociais (ou políticas, ou econômicas) que nos últimos tempos pretenderam fazer a sociedade "avançar", e vocês verão que tudo acabou em desastre, como no Brasil, ou em desastre acabará em breve.

Então, vejam bem, a não ser que isso lhes pareça extremamente ofensivo e vá contra os seus valores mais caros, o melhor para todo mundo neste momento é recuperar um certo grau de conservadorismo, conservador nesse caso querendo dizer preservação aquelas coisas que sempre funcionaram desde que o mundo é mundo. E, generosamente, deixar à esquerda a gloriosa tarefa de confrontá--las e combatê-las à vontade.

Não se preocupem, sempre haverá gente suficiente para se revoltar, para sonhar, para sugerir ideias incríveis que, eventualmente, resultarão na evolução social. E serão ainda mais eficazes se tiverem que lutar por isso, forçados a resistir heroicamente ao ponto de se deixarem destruir por seus ideais, e assim, automaticamente, acabarem repensando e reduzindo até atingir um resultado na prática. Para isso serve a juventude!

Acreditem, não nos faz bem nenhum conseguir as coisas com muita facilidade, apesar de todas as evidências em contrário. Eu que o diga. Somos provavelmente condicionados a desvalorizá-las caso isso aconteça, e, caso a situação permita, a perder a proporção e a noção de limite, mais ou menos como ocorre com os viciados em drogas.

A vida toda tive dificuldade para conseguir o que queria, e claro que sempre odiei isso, sempre me senti uma desgraçada, injustiçada. Mas, paradoxalmente, acredito hoje em dia que é esta a melhor maneira, e assim deve ser para o bem de todos e felicidade geral de qualquer nação.

UM GRÃO DE SAL

Eu já estava com um pé no chuveiro quando Alan enfiou o rosto pela fresta da porta do banheiro e avisou:

— O presidente Trump vai falar daqui a pouco.

— Vai mesmo?

— Não. Só estou sentindo o gostinho, me deu vontade de dizer as palavras — Alan respondeu, rindo por dentro, com um sorriso radiante no rosto.

Alan tem o maior orgulho de ter sido, segundo ele mesmo, o primeiro a considerar a possibilidade de Trump ser presidente. E ele está certo. Numa época em que nem mesmo o candidato tinha lançado sua candidatura oficialmente — embora seja difícil lembrar um tempo em que Trump não estava envolvido em sua ubíqua campanha — Alan já estava propagando essa ideia. Ele também se orgulha de ter sido o "inventor" do conceito de presidente como "alguém que você contrata para executar um serviço", e, vamos combinar, nunca teve a menor dúvida de que contrataria Trump para o posto.

Já eu, duvidei, como sempre duvido. Do Alan, principalmente.

Como já contei, comecei por Jeb Bush. Mas, a certa

altura, estava tão claro que a candidatura do Bush nº3 iria micar que tive que escolher outra pessoa. Como caloura no "ecossistema republicano", estava meio que engatinhando nesse ambiente partidário, e não sabia para onde me virar nem a quem apelar, depois de ter passado a vida inteira devotada ao progressismo e os últimos anos rezando pela cartilha de Barack Obama.

É isso mesmo. Em 2008, fui obamista de carteirinha, inflamada, o que não apenas resultou num livro que, graças a Deus, jamais será traduzido para o inglês, como quase destruiu meu casamento.

Estávamos no Havaí visitando nosso filho mais velho quando Obama foi eleito pela primeira vez, e na van que nos levava do aeroporto para o hotel havia dois casais além de nós. Um deles era de Washington DC, e já tinha votado antes da hora. Em Obama, claro. O outro, se não me engano, morava em Oregon, num "local onde as pessoas vão para passar as férias". O marido afirmou enfaticamente que, caso Obama fosse eleito, os Estados Unidos perderiam no mínimo dez anos (acredito que ele estava falando da economia, mas não tenho certeza), e Alan concordou todo animado.

Desde então, não se passou um dia sequer sem que o Alan me lembrasse daquela conversa na van do aeroporto. Estávamos num bar em Oahu quando Obama foi declarado vitorioso, e comemoramos com entusiasmo. Quer dizer, eu comemorei. E o resto do bar, é claro. Alan, para ser justa, bem que tinha tentado se encaixar no "clima dominante" algumas horas antes, mas não conseguiu:

— Hum, não sei... me parece um cara do bem, afinal de contas.

Honestamente, não precisei de mais que umas poucas semanas morando nos EUA para me bandear para o lado dos republicanos. Tinha ficado bastante chocada, devo admitir, quando um primo meu, que morava aqui desde os anos 1980, me alertou para o fato de que o "verdadeiro americano é republicano". Recusei-me a acreditar, é claro. Os democratas eram tudo o que havia de melhor, e assim seria para todo o sempre.

Vamos avançar um pouco no tempo até a incrível última terça-feira, quando nossas altas expectativas de fracasso acabaram... nunca se materializando. Às duas da madrugada de quarta eu ainda estava acordada, pouco depois de a maré ter "virado" a "nosso" favor, e acabei adormecendo menos de meia hora antes de o Estado da Pensilvânia declarar Trump "Presidente dos Estados Unidos" (não liguem, também estou praticando, rsrs).

Minhas razões para votar em Trump já foram exaustivamente exploradas por uma mídia chorosa durante a semana inteira, numa última tentativa de fazer valer sua "narrativa" impositiva (prezo tudo aquilo que eles mais lamentam). Uma narrativa que, vamos combinar, já começou a se esfacelar, mas me deixem aproveitar essa última oportunidade de "colocar meus pensamentos nas palavras de outrem" para variar, porque estou cansada demais para repetir as minhas próprias mais uma vez.

"Chega de elitismo; chega de especialistas; chega de *status quo*; chega de politicamente correto; chega dessa 'intelligentsia' liberal e desses donos da cultura com sua posição privilegiada na mídia; chega desses magos das finanças que causaram a bolha de 2008, de salários estagnados e de empregos desaparecendo, indo para fora do país. Esta era a essência da mensagem de Trump", escreveu Roger Cohen em seu artigo no *New York Times*, que, com exceção desta longa frase, estava errado em tudo o mais, tão completamente equivocado quanto as anteriores "certezas" do autor contra Trump. Francamente, dá até um certo enjoo perceber a que ponto chegou a manipulação da mente americana nestes últimos oito anos, coisa sobre a qual já também escrevi em crônicas anteriores.

Na quinta-feira seguinte, Alan e eu estávamos num atacado de pisos escolhendo o material para a nossa futura casa quando ele resolveu perguntar à gerente:

— E aí, o que você achou das eleições?

Ela ficou quieta por alguns segundos. Depois nos olhou de cima a baixo, como se estivesse nos medindo, e hesitou um bocado antes de balbuciar uma resposta:

— Bem... hum... Fiquei muito feliz.

Comecei a rir, e aí ela explicou que estava com medo de expressar sua opinião. Pode haver coisa mais espantosa, num país que se orgulha de praticar a liberdade de expressão em todas as suas ramificações e situações?

É isso mesmo. Embora apenas a preservação da Segunda Emenda (direito de portar armas) tenha estado em evidência durante a campanha eleitoral, foi a Primeira Emenda (liberdade de expressão) que acabou sendo atacada, embora a maioria das pessoas não tenha percebido isso. E foi esta, na verdade, minha principal preocupação, que acabou me levando a finalmente escolher Donald Trump... "seguindo a recomendação do meu marido".

Tá bem, escrevi esta última afirmação não só para agradar o Alan, que merece ser paparicado de vez em quando, mas também para dar munição a esses pobres coitados que estão chorando nas ruas, essa desgraçada Geração Y de gente mimada, que foi extensamente treinada para não conseguir lidar com as dificuldades mais comuns desta vida.

Esses jovens me dão a maior pena. São tão despreparados, coitados, tão condenados a fracassar no futuro.

Mas agora chega de olhar tanto para o passado, ou acabaremos sendo transformados em estátuas de sal. Porque, meus caros, se tivermos peito de falar francamente, trata-se de uma espécie de Sodoma e Gomorra o que estamos a ponto de deixar para trás.

É bem verdade que estou exagerando, como é praxe no ofício de cronista. Mas acho que vocês me entendem, não no sentido "moralista" da coisa, mas no da vida real, no sentido dos resultados concretos daquilo que já foi realizado. Espero, sinceramente, que esse futuro que começa hoje venha nos trazer as positivas reparações que estamos antecipando; e podem ter certeza de que trabalharemos neste sentido, fazendo o possível para colaborar, disso não tenho a menor dúvida.

Então, na última quarta-feira, estávamos dirigindo montanha acima para visitar a obra, depois de uma noite praticamente passada em claro, quando o Alan se virou para mim e me disse:

— Conseguimos, Noga.

— Hahã...

— Nunca se subestime. Você falou tanto nisso. Escreveu sobre isso. E fez a sua parte. Conhece aquele princípio científico da "precipitação"? Aquele que diz que você vai adicionando sal a um copo d'água e o sal vai se dissolvendo, se dissolvendo, até que em determinado ponto um derradeiro grão faz com que todo o sal se precipite no fundo do copo?

— Conheço sim.

— Então, foi você esse grão de sal.

***

E por aqui vou ficando, meus amigos. Este é o último

capítulo do meu livro de crônicas de 2016, um livro cujo destino, por um bom tempo, parecia ser a lata de lixo, porque boa parte de suas crônicas é a favor de Donald Trump; é o último capítulo, espero, de um livro que foi por vezes tão estressante de escrever, porque tantas vezes tive a certeza de que os valores que nele defendo acabariam sendo varridos para baixo do tapete por uma narrativa mais poderosa, narrativa esta que profundamente detesto, mas que tantas vezes me pareceu poderosa demais para ser combatida. Mas acabou não sendo. Nossa voz acabou sendo ouvida. Melhor ainda, acabou se juntando a outros milhões de vozes que a gente nem sabia que existiam, e que estavam ali, quietamente assuntando, à nossa espera.

Não posso imaginar uma melhor oportunidade de repetir um cliché mais do que repisado, e por isso peço a vocês que me desculpem mais uma vez: "Este é o primeiro dia do resto de nossas vidas".

Viva!

Noga Sklar nasceu em Tibérias, Israel, em 1952. Cresceu em Belo Horizonte e viveu por 30 anos no Rio de Janeiro, cidade que deixou para se refugiar com seu marido Alan num paraíso entre as montanhas de Petrópolis. Apesar das muitas mudanças e da crescente universalidade de seus temas, mantém-se uma escritora mineira com certeza.

Suas crônicas são reunidas uma vez por ano em um volume publicado pela KBR. Assim, Noga tornou-se autora de uma permanente "autossaga", da qual *Amor, duro amor* é o 14º volume.

Atualmente, vive com seu marido Alan Sklar em Greenville, na Carolina do Sul, para onde se mudou em outubro de 2014.

E-mail: noga@nogasklar.com